"十四五"普通高等教育规划教材

财税模拟实训教程

邴　勇　李　娟◎主　编
李稳杰　余　毅◎副主编

中国铁道出版社有限公司
CHINA RAILWAY PUBLISHING HOUSE CO., LTD.

内 容 简 介

本书紧密结合我国社会主义市场经济改革与发展实际，严格按照《中华人民共和国增值税暂行条例》等税收法律、法规的规定进行知识介绍。全书共分财税基础知识和模拟实训两部分，涉及增值税、企业所得税、消费税、个人所得税等常见税种，详细介绍了每个税种的征税范围、税率以及应纳税额的计算等内容，并结合实训软件模拟相关税种的纳税申报操作，有利于培养学生的学习能力、实践能力和创新能力。

本书适合作为高等院校财务管理、税务、会计、审计等相关专业的教材，也可作为社会从业人员的业务参考用书。

图书在版编目(CIP)数据

财税模拟实训教程/呙勇,李娟主编.—北京:中国铁道出版社有限公司，2022.8

"十四五"普通高等教育规划教材

ISBN 978-7-113-29198-3

Ⅰ.①财… Ⅱ.①呙… ②李… Ⅲ.①财税-中国-高等学校-教材 Ⅳ.①F812

中国版本图书馆 CIP 数据核字（2022）第 092481 号

书　　名：财税模拟实训教程
作　　者：呙　勇　李　娟

策　　划：陆慧萍　　　　编辑部电话：(010) 63549508
责任编辑：陆慧萍　贾淑媛
封面设计：刘　颖
责任校对：苗　丹
责任印制：樊启鹏

出版发行：中国铁道出版社有限公司(100054，北京市西城区右安门西街 8 号)
网　　址：http://www.tdpress.com/51eds/
印　　刷：三河市宏盛印务有限公司
版　　次：2022 年 8 月第 1 版　2022 年 8 月第 1 次印刷
开　　本：787 mm×1 092 mm 1/16　印张：9　字数：215 千
书　　号：ISBN 978-7-113-29198-3
定　　价：30.00 元

前言

财税模拟实训是会计、财务管理及其他相关专业的一门重要的专业课程，它是一门理论知识与实践技能相结合的系统化课程。从目前来看，较少学校开设“财税模拟实训”课程，以培养学生涉税业务处理能力为目的的教材也不多，再加之税收法规政策变动非常大，税收申报的主要形式也向电子申报转变，以前的教材已经无法适应现在的需要。为提供一套符合现行税收法规制度的纳税申报实训教材，我们策划组织了本书。

本书以武汉浙科友通软件有限公司开发的税务综合实训平台为依托，利用系统案例中提供的业务数据和纳税申报表格为学生提供了一个全真的纳税模拟空间。通过模拟实务演练，可以促进学生将所学的税法与会计专业知识有机地结合起来，可以培养学生对增值税、消费税、个人所得税、企业所得税等税种的税额计算能力，可以锻炼学生对各个税种的纳税申报主表及附表的填列能力，进而达到对所学理论知识的充分理解和运用，又培养了学生的实际操作能力和综合能力。

本书由呙勇、李娟任主编，李稳杰、余毅任副主编，叶小芬参与编写。具体分工如下：呙勇编写第一、二章及实训一至实训五，李娟、李稳杰编写第三、四章及实训六，余毅、叶小芬编写实训七及实训八。全书由呙勇修改、统稿、定稿。

在本书的编写过程中，得到了武汉浙科友通软件有限公司刘善国、何西敏、黄昊的大力支持，在此表示衷心感谢！

虽然编者在编写过程中进行了不懈的探索和努力，但由于时间仓促，加之水平有限，书中难免存在不足和疏漏之处，恳请各位读者、专家批评指正。

编　者

2022 年 3 月

目 录

第一部分 财税基础知识

第二部分　模拟实训

第一部分　财税基础知识

第一章　增值税概述

税收是国家财政收入的主要来源，对国家经济生活和社会文明起着重要作用。我国现行税种主要包括增值税、消费税、企业所得税、个人所得税、资源税、城市维护建设税、房产税、印花税、城镇土地使用税、土地增值税、车船税、船舶吨税、车辆购置税、关税、耕地占用税、契税、烟叶税、环保税，共18种。

其中，增值税(含应税劳务)是以在流转过程中产生的增值额作为计税依据而征收的一种流转税。

第一节　征税范围与纳税义务人

根据《增值税暂行条例》、《增值税暂行条例实施细则》和“营改增通知”的规定，在中华人民共和国境内(以下简称境内)发生应税销售行为以及进口货物的单位和个人，为增值税的纳税人。纳税人应当依照《增值税暂行条例》、《增值税暂行条例实施细则》和“营改增通知”的规定缴纳增值税。

一、征税范围

增值税的征税范围包括在境内发生应税销售行为以及进口货物等。根据《增值税暂行条例》、《增值税暂行条例实施细则》和“营改增通知”的规定，将增值税的征税范围分为一般规定和特殊规定。

二、征税范围的一般规定

现行增值税征税范围的一般规定包括应税销售行为和进口的货物。具体规定如下：

(一)销售或者进口的货物

货物是指有形动产，包括电力、热力、气体在内。销售货物，是指有偿转让货物的所有权。

(二)销售劳务

劳务是指纳税人提供的加工、修理修配劳务。加工是指受托加工货物，即委托方提供原料及主要材料，受托方按照委托方的要求制造货物并收取加工费的业务；修理修配是指受托对损伤和丧失功能的货物进行修复，使其恢复原状和功能的业务。

销售劳务也可称为提供劳务，是指有偿提供劳务。单位或者个体工商户聘用的员工为本单位或者雇主提供劳务不包括在内。

(三)销售服务

服务包括交通运输服务、邮政服务、电信服务、建筑服务、金融服务、现代服务、生活服务。具体征税范围如下：

(1)交通运输服务,是指利用运输工具将货物或者旅客送达目的地,使其空间位置得到转移的业务活动,包括陆路运输服务、水路运输服务、航空运输服务和管道运输服务。

(2)邮政服务,是指中国邮政集团公司及其所属邮政企业提供邮件寄递、邮政汇兑和机要通信等邮政基本服务的业务活动,包括邮政普遍服务、邮政特殊服务和其他邮政服务。

(3)电信服务,是指利用有线、无线的电磁系统或者光电系统等各种通信网络资源,提供语音通话服务,传送、发射、接收或者应用图像、短信等电子数据和信息的业务活动,包括基础电信服务和增值电信服务。

(4)建筑服务,是指各类建筑物、构筑物及其附属设施的建造、修缮、装饰,线路、管道、设备、设施等的安装以及其他工程作业的业务活动,包括工程服务、安装服务、修缮服务、装饰服务和其他建筑服务。

(5)金融服务,是指经营金融保险的业务活动,包括贷款服务、直接收费金融服务、保险服务和金融商品转让。“保本收益、报酬、资金占用费、补偿金”,是指合同中明确承诺到期本金可全部收回的投资收益。金融商品持有期间(含到期)取得的非保本的上述收益,不属于利息或利息性质的收入,不征收增值税。

(6)现代服务,是指围绕制造业、文化产业、现代物流产业等提供技术性、知识性服务的业务活动,包括研发和技术服务、信息技术服务、文化创意服务、物流辅助服务、租赁服务、鉴证咨询服务、广播影视服务、商务辅助服务和其他现代服务。

① 研发和技术服务,包括研发服务、合同能源管理服务、工程勘察勘探服务、专业技术服务。

• 研发服务也称技术开发服务,是指就新技术、新产品、新工艺或者新材料及其系统进行研究与试验开发的业务活动。

• 合同能源管理服务是指节能服务公司与用能单位以契约形式约定节能目标,节能服务公司提供必要的服务,用能单位以节能效果支付节能服务公司投入及其合理报酬的业务活动。

• 工程勘察勘探服务是指在采矿、工程施工前后,对地形、地质构造、地下资源蕴藏情况进行实地调查的业务活动。

• 专业技术服务是指气象服务、地震服务、海洋服务、测绘服务、城市规划、环境与生态监测服务等专项技术服务。

② 信息技术服务,是指利用计算机、通信网络等技术对信息进行生产、收集、处理、加工、存储、运输、检索和利用,并提供信息服务的业务活动,包括软件服务、电路设计及测试服务、信息系统服务、业务流程管理服务和信息系统增值服务。

③ 文化创意服务,包括设计服务、知识产权服务、广告服务和会议展览服务。

④ 物流辅助服务,包括航空服务、港口码头服务、货运客运场站服务、打捞救助服务、装卸搬运服务、仓储服务和收派服务。

⑤ 租赁服务,包括融资租赁服务和经营租赁服务。

• 融资租赁服务是指具有融资性质和所有权转移特点的租赁活动,即出租人根据承租人所要求的规格、型号、性能等条件购入有形动产或者不动产租赁给承租人,合同期内租赁物所有权属于出租人,承租人只拥有使用权,合同期满付清租金后,承租人有权按照残值购入租赁物,以拥有其所有权。不论出租人是否将租赁物销售给承租人,均属于融资租赁。按照标的物的不同,融资租赁服务可分为有形动产融资租赁服务和不动产融资租赁服务。融资性售后回租不按照本税目缴纳增值税。

• 经营租赁服务是指在约定时间内将有形动产或者不动产转让他人使用且租赁物所有权不变更的业务活动。按照标的物的不同,经营租赁服务可分为有形动产经营租赁服务和不动产经营租赁服务。将建筑物、构筑物等不动产或者飞机、车辆等有形动产的广告位出租给其他单位或者个人用于发布广告,按照"经营租赁服务"缴纳增值税。

⑥ 鉴证咨询服务,包括认证服务、鉴证服务和咨询服务。

⑦ 广播影视服务,包括广播影视节目(作品)的制作服务、发行服务和播映(含放映,下同)服务。

⑧ 商务辅助服务,包括企业管理服务、经纪代理服务、人力资源服务、安全保护服务。

⑨ 其他现代服务,是指除研发和技术服务、信息技术服务、文化创意服务、物流辅助服务、租赁服务、鉴证咨询服务、广播影视服务和商务辅助服务以外的现代服务。

(7)生活服务,是指为满足城乡居民日常生活需求提供的各类服务活动,包括文化体育服务、教育医疗服务、旅游娱乐服务、餐饮住宿服务、居民日常服务和其他生活服务。提供餐饮服务的纳税人销售的外卖食品,按照"餐饮服务"缴纳增值税。

① 文化体育服务,包括文化服务和体育服务。

• 文化服务是指为满足社会公众文化生活需求提供的各种服务,包括文艺创作、文艺表演、文化比赛,图书馆的图书和资料借阅,档案馆的档案管理,文物及非物质遗产保护,组织举办科技活动、文化活动,提供游览场所。纳税人在游览场所经营索道、摆渡车、电瓶车、游船等取得的收入,按照"文化体育服务"缴纳增值税。

• 体育服务是指组织举办体育比赛、体育表演、体育活动,以及提供体育训练、体育指导、体育管理的业务活动。

② 教育医疗服务,包括教育服务和医疗服务。

• 教育服务是指提供学历教育服务、非学历教育服务、教育辅助服务的业务活动。

➢ 学历教育服务是指根据教育行政管理部门确定或者认可的招生和教学计划组织教学,并颁发相应学历证书的业务活动,包括初等教育、初级中等教育、高级中等教育、高等教育等。

➢ 非学历教育服务包括学前教育、各类培训、演讲、讲座、报告会等。

➢ 教育辅助服务包括教育测评、考试、招生等服务。

• 医疗服务是指提供医学检查、诊断、治疗、康复、预防、保健、接生、防疫服务等方面的服务,以及与这些服务有关的提供药品、医用材料器具、救护车、病房住宿和伙食的业务。

③旅游娱乐服务,包括旅游服务和娱乐服务。

④餐饮住宿服务,包括餐饮服务和住宿服务。

⑤居民日常服务,是指主要为满足居民个人及其家庭日常生活需求提供的服务,包括市容市政管理、家政、婚庆、养老、殡葬、照料和护理、救助救济、美容美发、按摩、桑拿、氧吧、足疗、沐浴、洗染、摄影扩印等服务。

⑥其他生活服务,是指除文化体育服务、教育医疗服务、旅游娱乐服务、餐饮住宿服务和居民日常服务之外的生活服务。

纳税人提供植物养护服务,按照"其他生活服务"缴纳增值税。

（四）销售无形资产

无形资产是指不具实物形态，但能带来经济利益的资产，包括技术、商标、著作权、自然资源使用权和其他权益性无形资产。

- 技术包括专利技术和非专利技术。
- 自然资源使用权包括土地使用权、海域使用权、探矿权、采矿权、取水权和其他自然资源使用权。
- 其他权益性无形资产包括基础设施资产经营权、公共事业特许权、配额、经营权（包括特许经营权、连锁经营权、其他经营权）、经销权、分销权、代理权、会员权、席位权、网络游戏虚拟道具、域名、名称权、肖像权、冠名权、转会费等。

销售无形资产是指转让无形资产所有权或者使用权的业务活动。

（五）销售不动产

不动产是指不能移动或者移动后会引起性质、形状改变的财产，包括建筑物、构筑物等。

- 建筑物包括住宅、商业营业用房、办公楼等可供居住、工作或者进行其他活动的建造物。
- 构筑物包括道路、桥梁、隧道、水坝等建造物。

销售不动产是指转让不动产所有权的业务活动。

转让建筑物有限产权或者永久使用权的，转让在建的建筑物或者构筑物所有权的，以及在转让建筑物或者构筑物时一并转让其所占土地的使用权的，按照“销售不动产”缴纳增值税。

（六）缴纳增值税的经济行为需具备的条件

确定一项经济行为是否需要缴纳增值税，根据“营改增通知”，除另有规定外，一般应同时具备四个条件：①应税行为是发生在中华人民共和国境内；②应税行为是属于《销售服务、无形资产、不动产注释》范围内的业务活动；③应税服务是为他人提供的；④应税行为是有偿的。

上述所说的有偿，有两类情形属于例外：

第一种情形是满足上述四个增值税征税条件但不需要缴纳增值税的情形，主要包括：①行政单位收取的同时满足条件的政府性基金或者行政事业性收费；②存款利息；③被保险人获得的保险赔付；④房地产主管部门或者其指定机构、公积金管理中心、开发企业以及物业管理单位代收的住宅专项维修资金；⑤在资产重组过程中，通过合并、分立、出售、置换等方式，将全部或者部分实物资产以及与其相关联的债权、负债和劳动力一并转让给其他单位和个人，其中涉及不动产、土地使用权转让行为。

第二种情形是不同时满足上述四个增值税征税条件但需要缴纳增值税，主要包括某些无偿的应税行为需要缴纳增值税。即“营改增通知”规定的三种视同销售服务、无形资产或者不动产情形：①单位或者个体工商户向其他单位或者个人无偿提供服务，但用于公益事业或者以社会公众为对象的除外；②单位或者个人向其他单位或者个人无偿转让无形资产或者不动产，但用于公益事业或者以社会公众为对象的除外；③财政部和国家税务总局规定的其他情形。按照此条规定，向其他单位或者个人无偿提供服务、无偿转让无形资产或者不动产，除用于公益事业或者以社会公众为对象外，应视同发生应税行为，照章缴纳增值税。

(七)非经营活动的确认

销售服务、无形资产或者不动产,是指有偿提供服务、有偿转让无形资产或者不动产,但属于下列非经营活动的情形除外:

(1) 行政单位收取的同时满足以下条件的政府性基金或者行政事业性收费:

①由国务院或者财政部批准设立的政府性基金,由国务院或者省级人民政府及其财政、价格主管部门批准设立的行政事业性收费。

②收取时开具省级以上(含省级)财政部门监(印)制的财政票据。

③所收款项全额上缴财政。

(2)单位或者个体工商户聘用的员工为本单位或者雇主提供取得工资的服务。

(3)单位或者个体工商户为聘用的员工提供服务。

(4)财政部和国家税务总局规定的其他情形。

(八)境内销售服务、无形资产或者不动产的界定

在境内销售服务、无形资产或者不动产,是指:

(1)服务(租赁不动产除外)或者无形资产(自然资源使用权除外)的销售方或者购买方在境内。

(2)所销售或者租赁的不动产在境内。

(3)所销售自然资源使用权的自然资源在境内。

(4)财政部和国家税务总局规定的其他情形。

下列情形不属于在境内销售服务或者无形资产:

(1)境外单位或者个人向境内单位或者个人销售完全在境外发生的服务。

(2)境外单位或者个人向境内单位或者个人销售完全在境外使用的无形资产。境内的单位和个人作为工程分包方,为施工地点在境外的工程项目提供建筑服务,从境内工程总承包方取得的分包款收入,属于"视同从境外取得收入"。

(3)境外单位或者个人向境内单位或者个人出租完全在境外使用的有形动产。

(4)财政部和国家税务总局规定的其他情形:

① 为出境的函件、包裹在境外提供的邮政服务、收派服务。

②向境内单位或者个人提供的工程施工地点在境外的建筑服务、工程监理服务。

③向境内单位或者个人提供的工程、矿产资源在境外的工程勘察勘探服务。

④向境内单位或者个人提供的会议展览地点在境外的会议展览服务。

第二节　税率与征收率

一、增值税税率

增值税税率分别为13%、9%、6%和零税率。每种税率适用的应税销售行为的具体情况如下:

(一)适用13%税率的

纳税人销售货物、劳务、有形动产租赁服务或者进口货物,除下列第(二)项、第(四)项、第(五)项另有规定外,税率为13%。

(二)适用9%税率的

纳税人销售交通运输、邮政、基础电信、建筑、不动产租赁服务，销售不动产，转让土地使用权，销售或者进口下列货物，税率为9%：

(1)粮食等农产品、食用植物油、食用盐。

(2)自来水、暖气、冷气、热水、煤气、石油液化气、天然气、二甲醚、沼气、居民用煤炭制品。

(3)图书、报纸、杂志、音像制品、电子出版物。

(4)饲料、化肥、农药、农机、农膜。

(5)国务院规定的其他货物的税率界定。

(6)适用9%增值税税率货物范围注释：

①农产品，是指种植业、养殖业、林业、牧业、水产业生产的各种植物、动物的初级产品。

②食用植物油、自来水、暖气、冷气、热水、煤气、石油液化气、天然气、沼气、居民用煤炭制品、图书、报纸、杂志、化肥、农药、农机、农膜。

③饲料，是指用于动物饲养的产品或其加工品，包括豆粕、宠物饲料、饲用鱼油、矿物质微量元素、饲料级磷酸二氢钙产品。

④音像制品。

音像制品是指正式出版的录有内容的录音带、录像带、唱片、激光唱盘和激光视盘。

⑤电子出版物。

⑥二甲醚。

⑦食用盐。

(三)适用6%税率的

纳税人销售服务、无形资产，除(一)、(二)、(五)另有规定外，税率为6%。

(四)适用出口货物零税率的

纳税人出口货物，税率为零；但是，国务院另有规定的除外。

(五)适用跨境销售服务、无形资产零税率的

境内单位和个人跨境销售国务院规定范围内的服务、无形资产，税率为零。根据"营改增通知"的相关规定，服务、无形资产的零税率政策如下：

(1)中华人民共和国境内(以下称境内)的单位和个人销售的下列服务和无形资产，适用增值税零税率：

①国际运输服务，是指：

- 在境内载运旅客或者货物出境。
- 在境外载运旅客或者货物入境。
- 在境外载运旅客或者货物。

②航天运输服务。

③向境外单位提供的完全在境外消费的下列服务：

- 研发服务。
- 合同能源管理服务。
- 设计服务。

- 广播影视节目(作品)的制作和发行服务。
- 软件服务。
- 电路设计及测试服务。
- 信息系统服务。
- 业务流程管理服务。
- 离岸服务外包业务,包括信息技术外包服务(ITO)、技术性业务流程外包服务(BPO)、技术性知识流程外包服务(KPO),其所涉及的具体业务活动,按照《销售服务、无形资产、不动产注释》相对应的业务活动执行。
- 转让技术。

④财政部和国家税务总局规定的其他服务。

(2)其他零税率政策。

①按照国家有关规定应取得相关资质的国际运输服务项目,纳税人取得相关资质的,适用增值税零税率政策,未取得的,适用增值税免税政策。

②境内的单位或个人提供程租服务,如果租赁的交通工具用于国际运输服务和港澳台运输服务,由出租方按规定申请适用增值税零税率。

③境内的单位和个人向境内单位或个人提供期租、湿租服务,如果承租方利用租赁的交通工具向其他单位或个人提供国际运输服务和港澳台运输服务,由承租方适用增值税零税率。境内的单位或个人向境外单位或个人提供期租、湿租服务,由出租方适用增值税零税率。

④境内单位和个人以无运输工具承运方式提供的国际运输服务,由境内实际承运人适用增值税零税率;无运输工具承运业务的经营者适用增值税免税政策。

(3)境内单位和个人发生的与我国香港、澳门、台湾有关的应税行为,除另有规定外,参照上述规定执行。

二、增值税征收率

增值税征收率是指对特定的货物或特定的纳税人发生应税销售行为在某一生产流通环节应纳税额与销售额的比率。增值税征收率适用于两种情况:一是小规模纳税人;二是一般纳税人发生应税销售行为按规定可以选择简易计税方法计税的。

(一)征收率的一般规定

(1)下列情况适用5%征收率:

①小规模纳税人销售自建或者取得的不动产。

②一般纳税人选择简易计税方法计税的不动产销售。

③房地产开发企业中的小规模纳税人,销售自行开发的房地产项目。

④其他个人销售其取得(不含自建)的不动产(不含其购买的住房)。

⑤一般纳税人选择简易计税方法计税的不动产经营租赁。

⑥小规模纳税人出租(经营租赁)其取得的不动产(不含个人出租住房)。

⑦其他个人出租(经营租赁)其取得的不动产(不含住房)。

⑧个人出租住房,应按照5%的征收率减按1.5%计算应纳税额。

⑨一般纳税人和小规模纳税人提供劳务派遣服务选择差额纳税的。

⑩一般纳税人2016年4月30日前签订的不动产融资租赁合同,或以2016年4月30日

前取得的不动产提供的融资租赁服务，选择适用简易计税方法的。

⑪一般纳税人收取试点前开工的一级公路、二级公路、桥、闸通行费，选择适用简易计税方法的。

⑫一般纳税人提供人力资源外包服务，选择适用简易计税方法的。

⑬纳税人转让2016年4月30日前取得的土地使用权，选择适用简易计税方法的。

(2)除上述适用5%征收率以外的纳税人选择简易计税方法发生的，应税销售行为均为3%征收率。

(二)征收率的特殊规定

(1)根据增值税法的有关规定，适用3%征收率的某些一般纳税人和小规模纳税人可以减按2%计征增值税。

①一般纳税人销售自己使用过的属于《增值税暂行条例》第十条规定不得抵扣且未抵扣进项税额的固定资产，按照简易办法依照3%征收率减按2%征收增值税。

纳税人销售自己使用过的固定资产，适用简易办法依照3%征收率减按2%征收增值税政策的，可以放弃减税，按照简易办法依照3%征收率缴纳增值税，并可以开具增值税专用发票。

“已使用过的固定资产”是指纳税人根据财务会计制度已经计提折旧的固定资产。

②小规模纳税人(除其他个人外，下同)销售自己使用过的固定资产，减按2%征收率征收增值税。

③纳税人销售旧货，按照简易办法依照3%征收率减按2%征收增值税。旧货是指进入二次流通的具有部分使用价值的货物(含旧汽车、旧摩托车和旧游艇)，但不包括自己使用过的物品。

上述纳税人销售自己使用过的固定资产、物品和旧货适用按照简易办法依照3%征收率减按2%征收增值税的，按下列公式确定销售额和应纳税额：

$$销售额 = 含税销售额 \div (1 + 3\%)$$

$$应纳税额 = 销售额 \times 2\%$$

(2)提供物业管理服务的纳税人，向服务接受方收取的自来水水费，以扣除其对外支付的自来水水费后的余额为销售额，按照简易计税方法依3%的征收率计算缴纳增值税。

(3)小规模纳税人提供劳务派遣服务，可以按照“营改增通知”的有关规定，以取得的全部价款和价外费用为销售额，按照简易计税方法依3%的征收率计算缴纳增值税；也可以选择差额纳税，以取得的全部价款和价外费用，扣除代用工单位支付给劳务派遣员工的工资、福利和为其办理社会保险及住房公积金后的余额为销售额，按照简易计税方法依5%的征收率计算缴纳增值税。

选择差额纳税的纳税人，向用工单位收取用于支付给劳务派遣员工工资、福利和为其办理社会保险及住房公积金的费用，不得开具增值税专用发票，可以开具普通发票。

(4)非企业性单位中的一般纳税人提供的研发和技术服务、信息技术服务、鉴证咨询服务，以及销售技术、著作权等无形资产，可以选择简易计税方法按照3%征收率计算缴纳增值税。

非企业性单位中的一般纳税人提供《营业税改征增值税试点过渡政策的规定》(财税〔2016〕36号)第一条第(二十六)项中的“技术转让、技术开发和与之相关的技术咨询、技术服务”,可以参照上述规定,选择简易计税方法按照3%征收率计算缴纳增值税。

(5)一般纳税人提供教育辅助服务,可以选择简易计税方法按照3%征收率计算缴纳增值税。

(6)增值税一般纳税人生产销售和批发、零售抗癌药品,可选择按照简易办法依照3%征收率计算缴纳增值税。抗癌药品是指经国家药品监督管理部门批准注册的抗癌制剂及原料药。抗癌药品范围实行动态调整,纳税人选择简易办法计算缴纳增值税后,36个月内不得变更。

(7)增值税一般纳税人生产销售和批发、零售罕见病药品,可选择按照简易办法依照3%征收率计算缴纳增值税。上述纳税人选择简易办法计算缴纳增值税后,36个月内不得变更。

罕见病药品是指经国家药品监督管理部门批准注册的罕见病药品制剂及原料药。罕见病药品范围实行动态调整,由财政部、海关总署、税务总局、药监局根据变化情况适时明确。

纳税人应单独核算罕见病药品的销售额。未单独核算的,不得适用上述规定的简易征收政策。

三、兼营行为的税率选择

试点纳税人发生应税销售行为适用不同税率或者征收率的,应当分别核算适用不同税率或者征收率的销售额,未分别核算销售额的,按照以下方法适用税率或者征收率:

(1)兼有不同税率的应税销售行为,从高适用税率。

(2)兼有不同征收率的应税销售行为,从高适用征收率。

(3)兼有不同税率和征收率的应税销售行为,从高适用税率。

(4)纳税人销售活动板房、机器设备、钢结构件等自产货物的同时提供建筑、安装服务,不属于“营改增通知”规定的混合销售,应分别核算货物和建筑服务的销售额,分别适用不同的税率或者征收率。

第三节　增值税的计税方法

增值税的计税方法,包括一般计税方法、简易计税方法和扣缴计税方法。

一、一般计税方法

一般纳税人发生应税销售行为适用一般计税方法计税。其计算公式是:

当期应纳增值税税额=当期销项税额-当期进项税额

【例1-1-1】某生产企业(增值税一般纳税人)2020年5月发生如下业务:①向甲家电商场销售电视机500台,不含税售价为50万元。由于商场购买的数量多,厂家给予商场4%的折扣,取得不含税售价48万元,货款全部以银行存款收讫;②将试制的一批应税新产品用于对外投资,成本价为10万元,成本利润率为10%,该新产品无同类产品市场销售价格;③购进货物取得增值税专用发票,注明支付的货款30万元;另外支付购货的不含税运输费用1万元,取得运输公司开具的合法发票;④月末进行盘点时发现,当月因管理不善造成上月从某增值税一般纳税人企业购入的服装被盗,该批服装(已抵扣进项税额)账面价值为24万元,其中运费成本4万元。

要求:根据上述资料,回答下列问题。

(1)计算该企业应缴纳的增值税销项税额。

(2)计算该企业可抵扣的增值税进项税额。

(3)计算该企业5月应纳增值税税额。

计算:

(1)销项税额 $=48\times13\%+10\times(1+10\%)\times13\%=7.67$(万元)

(2)准予抵扣的进项税额 $=30\times13\%+1\times9\%-20\times13\%-4\times9\%=1.03$(万元)

(3)应纳增值税额 $=7.67-1.03=6.64$(万元)

二、简易计税方法

小规模纳税人发生应税销售行为适用简易计税方法计税。简易计税方法的公式是:

当期应纳增值税额 = 当期销售额(不含增值税) × 征收率

一般纳税人发生财政部和国家税务总局规定的特定应税销售行为,也可以选择适用简易计税方法计税,但是不得抵扣进项税额。其主要包括以下情况:

(1)县级及县级以下小型水力发电单位生产的自产电力。小型水力发电单位,是指各类投资主体建设的装机容量为5万千瓦以下(含5万千瓦)的小型水力发电单位。

(2)自产建筑用和生产建筑材料所用的砂、土、石料。

(3)以自己采掘的砂、土、石料或其他矿物连续生产的砖、瓦、石灰(不含黏土实心砖、瓦)。

(4)自己用微生物、微生物代谢产物、动物毒素、人或动物的血液或组织制成的生物制品。

(5)自产的自来水。

(6)自来水公司销售自来水。

(7)自产的商品混凝土(仅限于以水泥为原料生产的水泥混凝土)。

(8)单采血浆站销售非临床用人体血液。

(9)寄售商店代销寄售物品(包括居民个人寄售的物品在内)。

(10)典当业销售死当物品。

(11)药品经营企业销售生物制品。

(12)公共交通运输服务。公共交通运输服务包括轮客渡、公交客运、地铁城市轻轨、出租车、长途客运、班车。

(13)经认定的动漫企业为开发动漫产品提供的动漫脚本编撰、形象设计、背景设计、动画设计、分镜、动画制作、摄制、描线、上色、画面合成、配音、配乐、音效合成、剪辑、字幕制作、压缩转码(面向网络动漫、手机动漫格式适配)服务,以及在境内转让动漫版权(包括动漫品牌、形象或者内容的授权及再授权)。

(14)电影放映服务、仓储服务、装卸搬运服务、收派服务和文化体育服务。

(15)以纳入营改增试点之日前取得的有形动产为标的物提供的经营租赁服务。

(16)在纳入营改增试点之日前签订的尚未执行完毕的有形动产租赁合同。

(17)以清包工方式提供建筑服务,是指施工方不采购建筑工程所需的材料或只采购辅助材料,并收取人工费、管理费或者其他费用的建筑服务。

(18)为甲供工程提供的建筑服务。甲供工程,是指全部或部分设备、材料、动力由工程发包方自行采购的建筑工程。

(19)销售2016年4月30日前取得的不动产。

(20)房地产开发企业销售自行开发的房地产老项目。房地产老项目是指:

①《建筑工程施工许可证》注明的合同开工日期在2016年4月30日前的建筑工程项目。

② 未取得《建筑工程施工许可证》的,建筑工程承包合同注明的开工日期在2016年4月30日前的建筑工程项目。

(21)出租2016年4月30日前取得的不动产。

(22)提供非学历教育服务。

(23)一般纳税人收取试点前开工的一级公路、二级公路、桥、闸通行费。

(24)一般纳税人提供人力资源外包服务。

(25)一般纳税人2016年4月30日前签订的不动产融资租赁合同,或以2016年4月30日前取得的不动产提供的融资租赁服务。

(26)纳税人转让2016年4月30日前取得的土地使用权。

(27)一般纳税人提供劳务派遣服务,可以选择差额纳税,以取得的全部价款和价外费用,扣除代用工单位支付劳务派遣员工的工资、福利和为其办理社会保险及住房公积金后的余额为销售额,按照简易计税方法依5%的征收率计算缴纳增值税。

(28)一般纳税人销售电梯的同时提供安装服务,其安装服务可以按照甲供工程选择适用简易计税方法计税。

(29)房地产开发企业中的一般纳税人以围填海方式取得土地并开发的房地产项目,围填海工程《建筑工程施工许可证》或建筑工程承包合同注明的围填海开工日期在2016年4月30日前的,属于房地产老项目,可以选择适用简易计税方法按照5%的征收率计算缴纳增值税。

一般纳税人发生财政部和国家税务总局规定的特定应税销售行为,一经选择适用简易计税方法计税,36个月内不得变更。

三、扣缴计税方法

境外的单位或者个人在境内销售劳务,在境内未设有经营机构的,以其境内代理人为扣缴义务人;在境内没有代理人的,以购买方为扣缴义务人。扣缴义务人按照下列公式计算应扣缴税额:

$$应扣缴税额 = 接受方支付的价款 \div (1 + 税率) \times 税率$$

第四节 征收管理

一、纳税义务发生时间

《增值税暂行条例》《增值税暂行条例实施细则》和“营改增通知”明确规定了增值税纳税义务发生时间。纳税义务发生时间,是纳税人发生应税销售行为应当承担纳税义务的起始时间。纳税义务发生时间的作用在于:一是正式确认纳税人和扣缴义务人已经发生属于税法规定的应税销售行为时,应承担的纳税和扣缴义务;二是有利于税务机关实施税务管理,合理规定申报期限和纳税期限,监督纳税人切实履行纳税义务。

（一）应税销售行为纳税义务发生时间的一般规定

《增值税暂行条例》明确规定：

(1)纳税人发生应税销售行为，其纳税义务发生时间为收讫销售款项或者取得索取销售款项凭据的当天；先开具发票的，为开具发票的当天。

收讫销售款项，是指纳税人发生应税销售行为过程中或者完成后收到的款项。

取得索取销售款项凭据的当天，是指书面合同确定的付款日期；未签订书面合同或者书面合同未确定付款日期的，为应税销售行为完成的当天或者不动产权属变更的当天。

(2)进口货物，为报关进口的当天。

(3)增值税扣缴义务发生时间为纳税人增值税纳税义务发生的当天。

（二）应税销售行为纳税义务发生时间的具体规定

由于纳税人销售结算方式的不同，《增值税暂行条例实施细则》和"营改增通知"规定了具体的纳税义务发生时间。

(1)采取直接收款方式销售货物，不论货物是否发出，均为收到销售款或者取得索取销售款凭据的当天。

纳税人生产经营活动中采取直接收款方式销售货物，已将货物移送对方并暂估销售收入入账，但既未取得销售款或取得索取销售款凭据，也未开具销售发票的，其增值税纳税义务发生时间为取得销售款或取得索取销售款凭据的当天；先开具发票的，为开具发票的当天。

(2)采取托收承付和委托银行收款方式销售货物，为发出货物并办妥托收手续的当天。

(3)采取赊销和分期收款方式销售货物，为书面合同约定的收款日期的当天，无书面合同的或者书面合同没有约定收款日期的，为货物发出的当天。

(4)采取预收货款方式销售货物，为货物发出的当天，但生产销售生产工期超过 12 个月的大型机械设备、船舶、飞机等货物，为收到预收款或者书面合同约定的收款日期的当天。

(5)委托其他纳税人代销货物，为收到代销单位的代销清单或者收到全部或者部分货款的当天。未收到代销清单及货款的，为发出代销货物满 180 天的当天。

(6)销售劳务，为提供劳务同时收讫销售款或者取得索取销售款的凭据的当天。

(7)纳税人发生除将货物交付其他单位或者个人代销和销售代销货物以外的视同销售货物行为，为货物移送的当天。

(8)纳税人提供租赁服务采取预收款方式的，其纳税义务发生时间为收到预收款的当天。

(9)纳税人从事金融商品转让的，为金融商品所有权转移的当天。

(10)纳税人发生视同销售服务、无形资产或者不动产情形的，其纳税义务发生时间为服务、无形资产转让完成的当天或者不动产权属变更的当天。

上述应税销售行为纳税义务发生时间和扣缴义务发生时间的确定，明确了企业在计算应纳税额时，对"当期销项税额"时间的限定，是增值税计税和征收管理中重要的规定。对于一些企业没有按照上述规定的纳税义务发生时间将实现的销售收入及时入账并计算纳税，而是采取延迟入账或不计销售收入等做法，以拖延纳税或逃避纳税的行为都是错误的。企业必须按上述规定的时限及时、准确地记录销售额和计算当期销项税额。

二、纳税期限

在明确了增值税纳税义务发生时间后，还需要掌握具体纳税期限，以保证按期缴纳税款。根据《增值税暂行条例》和“营改增通知”，增值税的纳税期限分别为 1 日、3 日、5 日、10 日、15 日、1 个月或者 1 个季度。

纳税人的具体纳税期限，由主管税务机关根据纳税人应纳税额的大小分别核定。不能按照固定期限纳税的，可以按次纳税。

根据“营改增通知”和《增值税暂行条例实施细则》的规定，以 1 个季度为纳税期限的规定适用于小规模纳税人、银行、财务公司、信托投资公司、信用社，以及财政部和国家税务总局规定的其他纳税人。

纳税人以 1 个月或者 1 个季度为 1 个纳税期的，自期满之日起 15 日内申报纳税；以 1 日、3 日、5 日、10 日或者 15 日为 1 个纳税期的，自期满之日起 5 日内预缴税款，于次月 1 日起 15 日内申报纳税并结清上月应纳税款。

扣缴义务人解缴税款的期限，依照前两款规定执行。

纳税人进口货物，应当自海关填发进口增值税专用缴款书之日起 15 日内缴纳税款。

按固定期限纳税的小规模纳税人可以选择以 1 个月或 1 个季度为纳税期限，一经选择，一个会计年度内不得变更。

三、纳税地点

（1）固定业户应当向其机构所在地主管税务机关申报纳税。总机构和分支机构不在同一县（市）的，应当分别向各自所在地的主管税务机关申报纳税；经财政部和国家税务总局或者其授权的财政和税务机关批准，可以由总机构汇总向总机构所在地的主管税务机关申报纳税。

根据税收属地管辖原则，固定业户应当向其机构所在地的主管税务机关申报纳税，这是一般性规定。这里的机构所在地是指纳税人的注册登记地。如果固定业户设有分支机构，且不在同一县（市）的，应当分别向各自所在地的主管税务机关申报纳税。经财政部和国家税务总局或者其授权的财政和税务机关批准，可以由总机构汇总向总机构所在地的主管税务机关申报纳税。具体审批权限如下：

①总机构和分支机构不在同一省、自治区、直辖市的，经财政部和国家税务总局批准，可以由总机构汇总向总机构所在地的主管税务机关申报纳税。

②总机构和分支机构不在同一县（市），但在同一省、自治区、直辖市范围内的，经省、自治区、直辖市财政厅（局）、国家税务局审批同意，可以由总机构汇总向总机构所在地的主管税务机关申报纳税。

（2）固定业户到外县（市）销售货物或者劳务，应当向其机构所在地的主管税务机关报告外出经营事项，并向其机构所在地的主管税务机关申报纳税；未报告的，应当向销售地或者劳务发生地的主管税务机关申报纳税；未向销售地或者劳务发生地的主管税务机关申报纳税的，由其机构所在地的主管税务机关补征税款。

（3）非固定业户销售货物或者劳务，应当向销售地或者劳务发生地主管税务机关申报纳税；未向销售地或者劳务发生地的主管税务机关申报纳税的，由其机构所在地或者居住地主管税务机关补征税款。

（4）进口货物，应当向报关地海关申报纳税。

扣缴义务人应当向其机构所在地或者居住地主管税务机关申报缴纳扣缴的税款。

小　结

增值税是我国的第一大税种,也是涉及面极为广泛的税种。本章通过对增值税的征税范围、纳税人、税率、应纳税额的计算及申报缴纳管理等内容的介绍,使读者对我国现行增值税制度形成完整而正确的理解,掌握正确计算增值税应纳税额的能力。

思考与巩固

1. 增值税纳税人的分类及标准有哪些?

2. 增值税征税范围的基本内容、视同销售货物、混合销售行为和兼营行为的征税规定是什么?

3. 简述增值税法定减免项目、起征点的规定。

4. 简述增值税一般计税方法的计算原理及应纳税额计算方式。

第二章　企业所得税概述

企业所得税法是指国家制定的用以调整企业所得税征收与缴纳之间权利及义务关系的法律规范。现行企业所得税法是2007年3月16日第十届全国人民代表大会第五次全体会议通过的《中华人民共和国企业所得税法》(以下简称《企业所得税法》)和2007年11月28日国务院第197次常务会议通过的《中华人民共和国企业所得税法实施条例》(以下简称《实施条例》)。

企业所得税是对我国境内的企业和其他取得收入的组织的生产经营所得和其他所得征收的一种税。企业所得税的作用:促进企业改善经营管理活动,提升企业的盈利能力;调节产业结构,促进经济发展;为国家建设筹集财政资金。

第一节　纳税义务人、征税对象与税率

一、纳税义务人

企业所得税的纳税义务人,是指在中华人民共和国境内的企业和其他取得收入的组织。《企业所得税法》第一条规定,除个人独资企业、合伙企业不适用企业所得税法外,凡在我国境内,企业和其他取得收入的组织(以下统称企业)为企业所得税的纳税人,依照本法规定缴纳企业所得税。

企业所得税的纳税人分为居民企业和非居民企业,这是根据企业纳税义务范围的宽窄进行的分类方法,不同的企业在向中国政府缴纳所得税时,纳税义务不同。把企业分为居民企业和非居民企业,是为了更好地保障我国税收管辖权的有效行使。税收管辖权是一国政府在征税方面的主权,是国家主权的重要组成部分。根据国际上的通行做法,我国选择了地域管辖权和居民管辖权的双重管辖权标准,最大限度地维护我国的税收利益。

(一)居民企业

居民企业,是指依法在中国境内成立,或者依照外国(地区)法律成立但实际管理在中国境内的企业。这里的企业包括国有企业、集体企业、私营企业、联营企业、股份制企业、外商投资企业、外国企业以及有生产、经营所得和其他所得的其他组织。其中,有生产、经营所得和其他所得的其他组织,是指经国家有关部门批准,依法注册、登记的事业单位、社会团体等组织。由于我国的一些社会团体组织、事业单位在完成国家事业计划的过程中,开展多种经营和有偿服务活动,取得除财政部门各项拨款、财政部和国家物价部分批准的各项规费收入以外的经营收入,具有了经营的特点,应当视同企业纳入征税范围。其中,实际管理机构,是指对企业的生产经营、人员、账务、财产等实施实质性全面管理和控制的机构。

(二)非居民企业

非居民企业,是指依照外国(地区)法律成立且实际管理机构不在中国境内,但在中国境内设立机构、场所的,或者在中国境内未设立机构、场所,但有来源于中国境内所得的企业。

二、征税对象

企业所得税的征税对象，是指企业的生产经营所得、其他所得和清算所得。

(一)居民企业的征税对象

居民企业应就来源于中国境内、境外的所得作为征税对象。所得包括销售货物所得、提供劳务所得、转让财产所得、股息红利等权益性投资所得、利息所得、租金所得、特许权使用费所得、接受捐赠所得和其他所得。

(二)非居民企业的征税对象

非居民企业在中国境内设立机构、场所的，应当就其所设机构、场所取得的来源于中国境内的所得，以及发生在中国境外但与其所设机构、场所有实际联系的所得，缴纳企业所得税。非居民企业在中国境内未设立机构、场所的，或者虽设立机构、场所但取得的所得与其所设机构、场所没有实际联系的，应当就其来源于中国境内的所得缴纳企业所得税。

(三)所得来源的确定

(1)销售货物所得，按照交易活动发生地确定。

(2)提供劳务所得，按照劳务发生地确定。

(3)转让财产所得。

①不动产转让所得按照不动产所在地确定。

②动产转让所得按照转让动产的企业或者机构、场所所在地确定。

③权益性投资资产转让所得按照被投资企业所在地确定。

(4)股息、红利等权益性投资所得，按照分配所得的企业所在地确定。

(5)利息所得、租金所得、特许权使用费所得，按照负担、支付所得的企业或者机构场所所在地确定，或者按照负担、支付所得的个人的住所地确定。

(6)其他所得，由国务院财政、税务主管部门确定。

三、税率

企业所得税税率是体现国家与企业分配关系的核心要素。

企业所得税实行比例税率。比例税率简单易行，透明度高，不会因征税而改变企业间收入分配比例，有利于促进效率的提高。现行规定是：

(1)基本税率为25%。适用于居民企业和在中国境内设有机构、场所且所得与机构场所有关联的非居民企业。现行企业所得税基本税率设定为25%，既考虑了我国财政承受能力，又考虑了企业负担水平。

(2)低税率为20%。适用于在中国境内未设立机构、场所的，或者虽设立机构、场所但取得的所得与其所设机构、场所没有实际联系的非居民企业。但实际征税时适用10%的税率。

第二节　应纳税所得额

应纳税所得额是企业所得税的计税依据，按照企业所得税法的规定，应纳税所得额为企业每一个纳税年度的收入总额，减除不征税收入、免税收入、各项扣除以及允许弥补的以前年度亏损后的余额。基本公式为：

应纳税所得额＝收入总额－不征税收入－免税收入－各项扣除－允许弥补的以前年度亏损

一、收入总额

企业的收入总额包括以货币形式和非货币形式从各种来源取得的收入，具体有：销售货物收入，提供劳务收入，转让财产收入、股息、红利等权益性投资收益，利息收入，租金收入，特许权使用费收入，接受捐赠收入，其他收入。

企业取得收入的货币形式，包括现金、存款、应收账款、应收票据、准备持有至到期的债券投资以及债务的豁免等；纳税人以非货币形式取得的收入，包括固定资产、生物资产、无形资产、股权投资、存货、不准备持有至到期的债券投资、劳务以及有关权益等，这些非货币资产应当按照公允价值确定收入额，公允价值是指按照市场价格确定的价值。收入的具体构成为：

（一）一般收入的确认

（1）销售货物收入。

（2）提供劳务收入。

（3）转让财产收入。

（4）股息、红利等权益性投资收益。

（5）利息收入。

（6）租金收入。

（7）特许权使用费收入。

（8）接受捐赠收入。

（9）其他收入。

（二）特殊收入的确认

（1）以分期收款方式销售货物的，按照合同约定的收款日期确认收入的实现。

（2）企业受托加工制造大型机械设备、船舶、飞机，以及从事建筑、安装、装配工程业务或者提供其他劳务等，持续时间超过 12 个月的，按照纳税年度内完工进度或者完成的工作量确认收入的实现。

（3）采取产品分成方式取得收入的，按照企业分得产品的日期确认收入的实现，其收入额按照产品的公允价值确定。

（4）企业发生非货币性资产交换，以及将货物、财产、劳务用于捐赠、偿债、赞助、集资、广告、样品、职工福利或者利润分配等用途的，应当视同销售货物、转让财产或者提供劳务，但国务院财政、税务主管部门另有规定的除外。

（5）对企业投资者持有 2019—2023 年发行的铁路债券取得的利息收入，减半征收企业所得税。铁路债券是指以中国国家铁路集团有限公司为发行和偿还主体的债券，包括中国铁路建设债券、中期票据、短期融资券等债务融资工具。

（三）处置资产收入的确认

（1）企业发生下列情形的处置资产，除将资产转移至境外以外，由于资产所有权归属在形式和实质上均不发生改变，可作为内部处置资产，不视同销售确认收入，相关资产的计税基础延续计算。

①将资产用于生产、制造、加工另一产品。

②改变资产形状、结构或性能。

③改变资产用途(如自建商品房转为自用或经营)。

④将资产在总机构及其分支机构之间转移。

⑤上述两种或两种以上情形的混合。

⑥其他不改变资产所有权属的用途。

(2)企业将资产移送他人的下列情形,因资产所有权归属已发生改变而不属于内部处置资产,应按规定视同销售确定收入。

①用于市场推广或销售。

②用于交际应酬。

③用于职工奖励或福利。

④用于股息分配。

⑤用于对外捐赠。

⑥其他改变资产所有权属的用途。

(3)企业发生第(2)条规定情形时,属于企业自制的资产,应按企业同类资产同期对外销售价格确定销售收入;属于外购的资产,应按照被移送资产的公允价值确定销售收入。

(四)非货币性资产投资企业所得税处理

非货币性资产,是指现金、银行存款、应收账款、应收票据以及准备持有至到期的债券投资等货币性资产以外的资产。

(1)居民企业(以下简称企业)以非货币性资产对外投资确认的非货币性资产转让所得,可在不超过5年期限内,分期均匀计入相应年度的应纳税所得额,按规定计算缴纳企业所得税。

(2)企业以非货币性资产对外投资,应对非货币性资产进行评估并按评估后的公允价值扣除计税基础后的余额,计算确认非货币性资产转让所得。企业以非货币性资产对外投资,应于投资协议生效并办理股权登记手续时,确认非货币性资产转让收入的实现。

(3)企业以非货币性资产对外投资而取得被投资企业的股权,应以非货币性资产的原计税成本为计税基础,加上每年确认的非货币性资产转让所得,逐年进行调整。被投资企业取得非货币性资产的计税基础,应按非货币性资产的公允价值确定。

(4)企业在对外投资5年内转让上述股权或投资收回的,应停止执行递延纳税政策,并就递延期内尚未确认的非货币性资产转让所得,在转让股权或投资收回当年的企业所得税年度汇算清缴时,一次性计算缴纳企业所得税;企业在计算股权转让所得时,可按有关规定将股权的计税基础一次调整到位。企业在对外投资5年内注销的,应停止执行递延纳税政策,并就递延期内尚未确认的非货币性资产转让所得,在注销当年的企业所得税年度汇算清缴时,一次性计算缴纳企业所得税。

(5)此处所称非货币性资产投资,限于以非货币性资产出资设立新的居民企业,或将非货币性资产注入现存的居民企业。

(6)企业发生非货币性资产投资,符合《财政部　国家税务总局　关于企业重组业务企业所得税处理若干问题的通知》(财税〔2009〕59号)等文件规定的特殊性税务处理条件的,也可选择按特殊性税务处理规定执行。

(五)相关收入实现的确认

除企业所得税法及实施条例前述收入的规定外,企业销售收入的确认,必须遵循权责发生制原则和实质重于形式原则。

(1)企业销售商品同时满足下列条件的,应确认收入的实现:

①商品销售合同已经签订,企业已将商品所有权相关的主要风险和报酬转移给购货方。

②企业对已售出的商品既没有保留通常与所有权相联系的继续管理权,也没有实施有效控制。

③收入的金额能够可靠地计量。

④已发生或将发生的销售方的成本能够可靠地核算。

(2)符合上款收入确认条件,采取下列商品销售方式的,应按以下规定确认收入实现时间:

①销售商品采用托收承付方式的,在办妥托收手续时确认收入。

②销售商品采取预收款方式的,在发出商品时确认收入。

③销售商品需要安装和检验的,在购买方接受商品以及安装和检验完毕时确认收入。如果安装程序比较简单,可在发出商品时确认收入。

④销售商品采用支付手续费方式委托代销的,在收到代销清单时确认收入。

(3)采用售后回购方式销售商品的,销售的商品按售价确认收入,回购的商品作为购进商品处理。有证据表明不符合销售收入确认条件的,如以销售商品方式进行融资,收到的款项应确认为负债,回购价格大于原售价的,差额应在回购期间确认为利息费用。

(4)销售商品以旧换新的,销售商品应当按照销售商品收入确认条件确认收入,回收的商品作为购进商品处理。

(5)企业为促进商品销售而在商品价格上给予的价格扣除属于商业折扣,商品销售涉及商业折扣的,应当按照扣除商业折扣后的金额确定销售商品收入金额。

债权人为鼓励债务人在规定的期限内付款而向债务人提供的债务扣除属于现金折扣,销售商品涉及现金折扣的,应当按扣除现金折扣前的金额确定销售商品收入金额,现金折扣在实际发生时作为财务费用扣除。

企业因售出商品的质量不合格等原因而在售价上给予的减让属于销售折让;企业因售出商品质量、品种不符合要求等原因而发生的退货属于销售退回。企业已经确认销售收入的售出商品发生销售折让和销售退回,应当在发生当期冲减当期销售商品收入。

(6)企业在各个纳税期末,提供劳务交易的结果能够可靠估计的,应采用完工进度(完工百分比)法确认提供劳务收入。

①提供劳务交易的结果能够可靠估计,是指同时满足下列条件:

- 收入的金额能够可靠地计量。
- 交易的完工进度能够可靠地确定。
- 交易中已发生和将发生的成本能够可靠地核算。

②企业提供劳务完工进度的确定,可选用下列方法:

- 已完工作的测量。
- 已提供劳务占劳务总量的比例。
- 发生成本占总成本的比例。

③企业应按照从接受劳务方已收或应收的合同或协议价款确定劳务收入总额,根据纳税期末提供劳务收入总额乘以完工进度扣除以前纳税年度累计已确认提供劳务收入后的金额,确认为当期劳务收入;同时,按照提供劳务估计总成本乘以完工进度扣除以前纳税期间累计已确认劳务成本后的金额,结转为当期劳务成本。

④下列提供劳务满足收入确认条件的,应按规定确认收入:

- 安装费。应根据安装完工进度确认收入。安装工作是商品销售附带条件的,安装费在确认商品销售实现时确认收入。
- 宣传媒介的收费。应在相关的广告或商业行为出现于公众面前时确认收入。广告的制作费,应根据制作广告的完工进度确认收入。
- 软件费。为特定客户开发软件的收费,应根据开发的完工进度确认收入。
- 服务费。包含在商品售价内可区分的服务费,在提供服务的期间分期确认收入。
- 艺术表演、招待宴会和其他特殊活动的收费。在相关活动发生时确认收入。收费涉及几项活动的,预收的款项应合理分配给每项活动,分别确认收入。
- 会员费。申请入会或加入会员,只允许取得会籍,所有其他服务或商品都要另行收费的,在取得该会员费时确认收入。申请入会或加入会员后,会员在会员期内不再付费就可得到各种服务或商品,或者以低于非会员的价格销售商品或提供服务的,该会员费应在整个受益期内分期确认收入。
- 特许权费。属于提供设备和其他有形资产的特许权费,在交付资产或转移资产所有权时确认收入;属于提供初始及后续服务的特许权费,在提供服务时确认收入。
- 劳务费。长期为客户提供重复的劳务收取的劳务费,在相关劳务活动发生时确认收入。

(7)企业以买一赠一等方式组合销售本企业商品的,不属于捐赠,应将总的销售金额按各项商品的公允价值的比例来分摊确认各项的销售收入。

(8)企业取得财产(包括各类资产、股权、债权等)转让收入、债务重组收入、接受捐赠收入、无法偿付的应付款收入等,不论是以货币形式还是非货币形式体现,除另有规定外,均应一次性计入确认收入,计算缴纳企业所得税。

二、不征税收入和免税收入

国家为了扶持和鼓励某些特殊的纳税人和特定的项目,或者避免因征税影响企业的正常经营,对企业取得的某些收入予以不征税或免税的特殊政策,以减轻企业的负担,促进经济的协调发展。或准予抵扣应纳税所得额,或者是对专项用途的资金作为非税收入处理,减轻企业的税负,增加企业可用资金。

(一)不征税收入

(1)财政拨款,是指各级人民政府对纳入预算管理的事业单位、社会团体等组织拨付的财政资金,但国务院和国务院财政、税务主管部门另有规定的除外。

(2)依法收取并纳入财政管理的行政事业性收费、政府性基金。行政事业性收费是指依照法律法规等有关规定,按照国务院规定程序批准,在实施社会公共管理,以及在向公民、法人或者其他组织提供特定公共服务过程中,向特定对象收取并纳入财政管理的费用。政府性基金,是指企业依照法律、行政法规等有关规定,代政府收取的具有专项用途的财政资金。

具体规定如下:

①企业按照规定缴纳的、由国务院或财政部批准设立的政府性基金以及由国务院和省、自治区、直辖市人民政府及其财政、价格主管部门批准设立的行政事业性收费,准予在计算应纳税所得额时扣除。

企业缴纳的不符合上述第①条审批管理权限设立的基金、收费,不得在计算应纳税所得额时扣除。

②企业收取的各种基金、收费,应计入企业当年收入总额。

③对企业依照法律、法规及国务院有关规定收取并上缴财政的政府性基金和行政事业性收费,准予作为不征税收入,于上缴财政的当年在计算应纳税所得额时从收入总额中减除;未上缴财政的部分,不得从收入总额中减除。

(3)国务院规定的其他不征税收入,是指企业取得的,由国务院财政、税务主管部门规定专项用途并经国务院批准的财政性资金。

财政性资金,是指企业取得的来源于政府及其有关部门的财政补助、补贴、贷款贴息,以及其他各类财政专项资金,包括直接减免的增值税和即征即退、先征后退、先征后返的各种税收,但不包括企业按规定取得的出口退税款。

①企业取得的各类财政性资金,除属于国家投资和资金使用后要求归还本金的以外,均应计入企业当年收入总额。国家投资是指国家以投资者身份投入企业并按有关规定相应增加企业实收资本(股本)的直接投资。

②对企业取得的由国务院财政、税务主管部门规定专项用途并经国务院批准的财政性资金,准予作为不征税收入,在计算应纳税所得额时从收入总额中减除。

③纳入预算管理的事业单位、社会团体等组织按照核定的预算和经费报领关系收到的由财政部门或上级单位拨入的财政补助收入,准予作为不征税收入,在计算应纳税所得额时从收入总额中减除,但国务院和国务院财政、税务主管部门另有规定的除外。

(4)专项用途财政性资金企业所得税处理的具体规定。

根据《财政部 国家税务总局 关于专项用途财政性资金企业所得税处理问题的通知》(财税〔2011〕70号)规定,自2011年1月1日起,企业取得的专项用途财政性资金企业所得税处理按以下规定执行:

①企业从县级以上各级人民政府财政部门及其他部门取得的应计入收入总额的财政性资金,凡同时符合以下条件的,可以作为不征税收入,在计算应纳税所得额时从收入总额中减除:

- 企业能够提供规定资金专项用途的资金拨付文件。
- 财政部门或其他拨付资金的政府部门对该资金有专门的资金管理办法或具体管理要求。
- 企业对该资金以及以该资金发生的支出单独进行核算。

②根据《实施条例》第二十八条的规定:上述不征税收入用于支出所形成的费用,不得在计算应纳税所得额时扣除;用于支出所形成的资产,其计算的折旧、摊销不得在计算应纳税所得额时扣除。

企业将符合上述第①条规定条件的财政性资金作不征税收入处理后,在5年(60个月)内未发生支出且未缴回财政部门或其他拨付资金的政府部门的部分,应计入取得该资金第六年的应税收入总额;计入应税收入总额的财政性资金发生的支出,允许在计算应纳税所得额时扣除。

另外,企业取得的不征税收入,应按照上述(财税〔2011〕70号,以下简称《通知》)的规定进行处理。凡未按照《通知》规定进行管理的,应作为企业应税收入计入应纳税所得额,依法缴纳企业所得税。

(二)免税收入

(1)国债利息收入。为鼓励企业积极购买国债,支援国家建设,税法规定,企业因购买国债所得的利息收入,免征企业所得税。

根据国家税务总局公告2011年第36号规定,自2011年1月1日起,按以下规定执行:

①国债利息收入时间确认。

• 根据《实施条例》第十八条的规定,企业投资国债从国务院财政部门(以下简称发行者)取得的国债利息收入,应以国债发行时约定应付利息的日期,确认利息收入的实现。

• 企业转让国债,应在国债转让收入确认时确认利息收入的实现。

②国债利息收入计算。

企业到期前转让国债,或者从非发行者投资购买的国债,其持有期间尚未兑付的国债利息收入,按以下公式计算确定:

国债利息收入=国债金额×(适用年利率÷365)×持有天数

上述公式中的"国债金额",按国债发行面值或发行价格确定;"适用年利率"按国债票面年利率或折合年收益率确定;如企业不同时间多次购买同一品种国债的,"持有天数"可按平均持有天数计算确定。

③国债利息收入免税问题。

根据《企业所得税法》第二十六条的规定,企业取得的国债利息收入,免征企业所得税。具体按以下规定执行:

• 企业从发行者直接投资购买的国债持有至到期,其从发行者取得的国债利息收入,全额免征企业所得税。

• 企业到期前转让国债,或者从非发行者投资购买的国债,其按上述第②项计算的国债利息收入,免征企业所得税。

④国债转让收入时间确认。

• 企业转让国债应在转让国债合同、协议生效的日期,或者国债移交时确认转让收入的实现。

• 企业投资购买国债,到期兑付的,应在国债发行时约定的应付利息的日期,确认国债转让收入的实现。

⑤国债转让收益(损失)计算。

企业转让或到期兑付国债取得的价款,减除其购买国债成本,并扣除其持有期间按照上述第②条计算的国债利息收入以及交易过程中相关税费后的余额,为企业转让国债收益(损失)。

⑥国债转让收益(损失)征税问题。

根据《实施条例》第十六条规定,企业转让国债,应作为转让财产,其取得的收益(损失)应作为企业应纳税所得额计算纳税。

⑦通过支付现金方式取得的国债,以买入价和支付的相关税费为成本。

⑧通过支付现金以外的方式取得的国债,以该资产的公允价值和支付的相关税费为成本。

企业在不同时间购买同一品种国债的,其转让时的成本计算方法,可在先进先出法、加权平均法、个别计价法中选用一种。计价方法一经选用,不得随意改变。

(2)符合条件的居民企业之间的股息、红利等权益性收益,是指居民企业直接投资于其他居民企业取得的投资收益。

(3)在中国境内设立机构、场所的非居民企业从居民企业取得与该机构、场所有实际联系的股息、红利等权益性投资收益。该收益都不包括连续持有居民企业公开发行并上市流通的股票不足 12 个月取得的投资收益。

(4)符合条件的非营利组织的收入。

符合条件的非营利组织是指:

• 依法履行非营利组织登记手续。

• 从事公益性或者非营利性活动。

取得的收入除用于与该组织有关的、合理的支出外,全部用于登记核定或者章程规定的公益性或者非营利性事业:

• 财产及其孳生息不用于分配。

• 按照登记核定或者章程规定,该组织注销后的剩余财产用于公益性或者非营利性目的,或者由登记管理机关转赠给予与该组织性质、宗旨相同的组织,并向社会公告。

• 投入人对投入该组织的财产不保留或者享有任何财产权利。

• 工作人员工资福利开支控制在规定的比例内,不变相分配该组织的财产。

• 国务院财政、税务主管部门规定的其他条件。

《企业所得税法》第二十六条第四项所称符合条件的非营利组织的收入,不包括非营利组织从事营利性活动取得的收入,但国务院财政、税务主管部门另有规定的除外。

非营利组织的下列收入为免税收入:

• 接受其他单位或者个人捐赠的收入。

• 除《企业所得税法》第七条规定的财政拨款以外的其他政府补助收入,但不包括因政府购买服务取得的收入。

• 按照省级以上民政、财政部门规定收取的会费。

• 不征税收入和免税收入孳生的银行存款利息收入。

• 财政部、国家税务总局规定的其他收入。

三、税前扣除原则和范围

(一)扣除项目的原则

企业申报的扣除项目和金额要真实、合法。所谓真实是指能提供证明有关支出确属已经实际发生;合法是指符合国家税法的规定,若其他法规规定与税收法规规定不一致,应以税收法规的规定为标准。除税收法规另有规定外,税前扣除一般应遵循以下原则:

(1)权责发生制原则,是指企业费用应在发生的所属期扣除,而不是在实际支付时确认扣除。

(2)配比原则,是指企业发生的费用应当与收入配比扣除。除特殊规定外,企业发生的费用不得提前或滞后申报扣除。

(3)相关性原则,是指企业可扣除的费用从性质和根源上必须与取得应税收入直接相关。

(4)确定性原则,是指企业可扣除的费用不论何时支付,其金额必须是确定的。

(5)合理性原则,是指符合生产经营活动常规,应当计入当期损益或者有关资产成本的必要和正常的支出。

(二)扣除项目的范围

《企业所得税法》规定,企业实际发生的与取得收入有关的、合理的支出,包括成本、费用、税金、损失和其他支出,准予在计算应纳税所得额时扣除。在实际中,计算应纳税所得额时还应注意三方面的内容:

第一,企业发生的支出应当区分收益性支出和资本性支出。收益性支出在发生当期直接扣除;资本性支出应当分期扣除或者计入有关资产成本,不得在发生当期直接扣除。

第二,企业的不征税收入用于支出所形成的费用或者财产,不得扣除或者计算对应的折旧、摊销扣除。

第三,除企业所得税法和《实施条例》另有规定外,企业实际发生的成本、费用、税金、损失和其他支出,不得重复扣除。

(1)成本,是指企业在生产经营活动中发生的销售成本、销货成本、业务支出以及其他耗费,即企业销售商品(产品、材料、下脚料、废料、废旧物资等)、提供劳务、转让固定资产、无形资产(包括技术转让)的成本。

企业必须将经营活动中发生的成本合理划分为直接成本和间接成本。直接成本是可直接计入有关成本计算对象或劳务的经营成本中的直接材料、直接人工等。间接成本是指多个部门为同一成本对象提供服务的共同成本,或者同一种投入可以制造、提供两种或两种以上的产品或劳务的联合成本。

直接成本可根据有关会计凭证、记录直接计入有关成本计算对象或劳务的经营成本中。间接成本必须根据与成本计算对象之间的因果关系、成本计算对象的产量等,以合理的方法分配计入有关成本计算对象中。

(2)费用,是指企业每一个纳税年度为生产、经营商品和提供劳务等所发生的销售(经营)费用、管理费用和财务费用。已经计入成本的有关费用除外。

销售费用,是指应由企业负担的为销售商品而发生的费用,包括广告费、运输费、装卸费、包装费、展览费、保险费、销售佣金(能直接认定的进口佣金调整商品进价成本)、代销手续费、经营性租赁费及销售部门发生的差旅费、工资、福利费等费用。

管理费用,是指企业的行政管理部门为管理组织经营活动提供各项支援性服务而发生的费用。

财务费用,是指企业筹集经营性资金而发生的费用,包括利息净支出、汇兑净损失、金融机构手续费以及其他非资本化支出。

(3)税金,是指企业发生的除企业所得税和允许抵扣的增值税以外的企业缴纳的各项税金及其附加,即企业按规定缴纳的消费税、城市维护建设税、关税、资源税、土地增值税、房产税、车船税、土地使用税、印花税、教育费附加等产品销售税金及附加。这些已纳税金准予税前扣除。准许扣除的税金有两种方式:一是在发生当期扣除;二是在发生当期计入相关资产的成本,在以后各期分摊扣除。

(4)损失,是指企业在生产经营活动中发生的固定资产和存货的盘亏、毁损、报废损失,转让财产损失,呆账损失,坏账损失,自然灾害等不可抗力因素造成的损失以及其他损失。

企业发生的损失,减除责任人赔偿和保险赔款后的余额,依照国务院财政、税务主管部门的规定扣除。

企业已经作为损失处理的资产,在以后纳税年度又全部收回或者部分收回时,应当计入当期收入。

(5)扣除的其他支出,是指除成本、费用、税金、损失外,企业在生产经营活动中发生的与生产经营活动有关的、合理的支出。

(三)扣除项目及其标准

在计算应纳税所得额时,下列项目可按照实际发生额或规定的标准扣除。

(1)工资、薪金支出。

①企业发生的合理的工资、薪金支出准予据实扣除。工资、薪金支出是企业每一纳税年度支付给本企业任职或与其有雇佣关系的员工的所有现金或非现金形式的劳动报酬,包括基本工资、奖金、津贴、补贴、年终加薪、加班工资,以及与任职或者是受雇有关的其他支出。

合理的工资、薪金,是指企业按照股东大会、董事会、薪酬委员会或相关管理机构制定的工资薪金制度规定实际发放给员工的工资薪金。税务机关在对工资薪金进行合理性确认时,可按以下原则掌握:

- 企业制定了较为规范的员工工资薪金制度。
- 企业所制定的工资薪金制度符合行业及地区水平。
- 企业在一定时期所发放的工资薪金是相对固定的,工资薪金的调整是有序进行的。
- 企业对实际发放的工资薪金,已依法履行了代扣代缴个人所得税义务。
- 有关工资薪金的安排,不以减少或逃避税款为目的。

②属于国有性质的企业,其工资薪金,不得超过政府有关部门给予的限定数额;超过部分,不得计入企业工资薪金总额,也不得在计算企业应纳税所得额时扣除。

③企业因雇用季节工、临时工、实习生、返聘离退休人员以及接受外部劳务派遣用工所实际发生的费用,应区分为工资薪金支出和职工福利费支出,并按《企业所得税法》规定在企业所得税前扣除。其中属于工资薪金支出的,准予计入企业工资薪金总额的基数,作为计算其他各项相关费用扣除的依据。

④企业福利性补贴支出税前扣除。国家税务总局2015第34号公告规定,列入企业员工工资薪金制度、固定与工资薪金一起发放的福利性补贴,符合《国家税务总局 关于企业工资薪金及职工福利费扣除问题的通知》(国税函〔2009〕3号)第一条规定的合理工资、薪金支出条件,可作为企业发生的工资薪金支出,按规定在税前扣除。

不能同时符合上述合理工资、薪金支出条件的福利性补贴,应作为国税函〔2009〕3号文件第三条规定的职工福利费,按规定计算限额税前扣除。

⑤企业年度汇算清缴结束前支付汇缴年度工资薪金税前扣除。企业在年度汇算清缴结束前向员工实际支付的已预提汇缴年度工资薪金,准予在汇缴年度按规定扣除。

⑥企业接受外部劳务派遣用工所实际发生的费用,应分两种情况按规定在税前扣除:按

照协议(合同)约定直接支付给劳务派遣公司的费用,应作为劳务费支出;直接支付给员工个人的费用,应作为工资薪金支出和职工福利费支出。其中属于工资薪金支出的费用,准予计入企业工资薪金总额的基数,作为计算其他各项相关费用扣除的依据。

(2)职工福利费、工会经费、职工教育经费。

企业发生的职工福利费、工会经费、职工教育经费按标准扣除,未超过标准的按实际数扣除,超过标准的只能按标准扣除。

①企业发生的职工福利费支出,不超过工资薪金总额14%的部分准予扣除。

企业职工福利费,包括以下内容:

• 尚未实行分离办社会职能的企业,其内设福利部门所发生的设备、设施和人员费用,包括职工食堂、职工浴室、理发室、医务所、托儿所、疗养院等集体福利部门的设备、设施及维修保养费用和福利部门工作人员的工资薪金、社会保险费、住房公积金、劳务费等。

• 为职工卫生保健、生活、住房、交通等所发放的各项补贴和非货币性福利,包括企业向职工发放的因公外地就医费用、未实行医疗统筹企业职工医疗费用、职工供养直系亲属医疗补贴、供暖费补贴、职工防暑降温费、职工困难补贴、救济费、职工食堂经费补贴、职工交通补贴等。

• 按照其他规定发生的其他职工福利费,包括丧葬补助费、抚恤费、安家费、探亲假路费等。

值得注意的是:企业发生的职工福利费,应该单独设置账册,进行准确核算。没有单独设置账册准确核算的,税务机关应责令企业在规定的期限内进行改正。逾期仍未改正的,税务机关可对企业发生的职工福利费进行合理的核定。

②企业拨缴的工会经费,不超过工资薪金总额2%的部分准予扣除。

自2010年7月1日起,企业拨缴的职工工会经费,不超过工资薪金总额2%的部分,凭工会组织开具的《工会经费收入专用收据》在企业所得税税前扣除。

自2010年1月1日起,在委托税务机关代收工会经费的地区,企业拨缴的工会经费,也可凭合法、有效的工会经费代收凭据依法在税前扣除。

③除国务院财政、税务主管部门另有规定外,企业发生的职工教育经费支出,自2018年1月1日起不超过工资薪金总额8%的部分,准予在计算企业所得税应纳税所得额时扣除;超过部分,准予在以后纳税年度结转扣除。

软件生产企业发生的职工教育经费中的职工培训费用,根据《财政部 国家税务总局 关于企业所得税若干优惠政策的通知》(财税〔2012〕27号)规定,可以全额在企业所得税前扣除。软件生产企业应准确划分职工教育经费中的职工培训费支出,对于不能准确划分的,以及准确划分后职工教育经费中扣除职工培训费用的余额,一律按照工资薪金总额8%的比例扣除。

核力发电企业为培养核电厂操纵员发生的培养费用,依据国家税务总局公告2014年第29号第三条规定,可作为企业的发电成本在税前扣除。企业应将核电厂操纵员培养费与员工的职工教育经费严格区分,单独核算,员工实际发生的职工教育经费支出不得计入核电厂操纵员培养费直接扣除。

上述计算职工福利费、工会经费、职工教育经费的工资薪金总额,是指企业按照上述第(1)条规定实际发放的工资薪金总和,不包括企业的职工福利费、职工教育经费、工会经费以及养老保险费、医疗保险费、失业保险费、工伤保险费、生育保险费等社会保险费和住房公积金。属于国有性质的企业,其工资薪金,不得超过政府有关部门给予的限定数额;超过部分,不得计入企业工资薪金总额,也不得在计算企业应纳税所得额时扣除。

(3)社会保险费。

①企业依照国务院有关主管部门或者省级人民政府规定的范围和标准为职工缴纳的五险一金,即基本养老保险费、基本医疗保险费、失业保险费、工伤保险费、生育保险费等基本社会保险费和住房公积金,准予扣除。

②企业为投资者或者职工支付的补充养老保险费、补充医疗保险费,在国务院财政、税务主管部门规定的范围和标准内,准予扣除。企业依照国家有关规定为特殊工种职工支付的人身安全保险费和符合国务院财政、税务主管部门规定可以扣除的商业保险费,准予扣除。

③企业参加财产保险,按照规定缴纳的保险费,准予扣除。企业为投资者或者职工支付的商业保险费,不得扣除。

(4)利息费用。

企业在生产、经营活动中发生的利息费用,按下列规定扣除:

①非金融企业向金融企业借款的利息支出、金融企业的各项存款利息支出和同业拆借利息支出、企业经批准发行债券的利息支出可据实扣除。

所谓金融企业,是指各类银行、保险公司及经中国人民银行批准从事金融业务的非银行金融机构,包括国家专业银行、区域性银行、股份制银行、外资银行、中外合资银行以及其他综合性银行;还包括全国性保险企业、区域性保险企业、股份制保险企业、中外合资保险企业以及其他专业性保险企业;城市、农村信用社、各类财务公司以及其他从事信托投资、租赁等业务的专业和综合性非银行金融机构。非金融企业,是指除上述金融企业以外的所有企业、事业单位以及社会团体等企业或组织。

②非金融企业向非金融企业借款的利息支出,不超过按照金融企业同期同类贷款利率计算的数额的部分可据实扣除,超过部分不许扣除。

鉴于目前我国对金融企业利率要求的具体情况,企业在按照合同要求首次支付利息并进行税前扣除时,应提供金融企业的同期同类贷款利率情况说明,以证明其利息支出的合理性。

金融企业的同期同类贷款利率情况说明中,应包括在签订该借款合同时,本省任何一家金融企业提供同期同类贷款利率情况。该金融企业应为经政府有关部门批准成立的可以从事贷款业务的企业,包括银行、财务公司、信托公司等金融机构。同期同类贷款利率是指在贷款期限、贷款金额、贷款担保以及企业信誉等条件基本相同的情况下,金融企业提供贷款的利率。既可以是金融企业公布的同期同类平均利率,也可以是金融企业对某些企业提供的实际贷款利率。

③关联企业利息费用的扣除。企业从其关联方接受的债权性投资与权益性投资的比例超过规定标准而发生的利息支出,不得在计算应纳税所得额时扣除。

a. 在计算应纳税所得额时,企业实际支付给关联方的利息支出,不超过以下规定比例和税法及其实施条例有关规定计算的部分,准予扣除,超过的部分不得在发生当期和以后年度扣除。

企业实际支付给关联方的利息支出,除符合下面第 b 条规定外,其接受关联方债权性投资与其权益性投资比例为:金融企业5∶1;其他企业2∶1。

b. 企业如果能够按照税法及其实施条例的有关规定提供相关资料,并证明相关交易活动符合独立交易原则的,或者该企业的实际税负不高于境内关联方的,其实际支付给境内关联方的利息支出,在计算应纳税所得额时准予扣除。

c. 企业同时从事金融业务和非金融业务,其实际支付给关联方的利息支出,应按照合理方法分开计算;没有按照合理方法分开计算的,一律按前述第a条有关其他企业的比例计算准予税前扣除的利息支出。

d. 企业自关联方取得的不符合规定的利息收入,应按照有关规定缴纳企业所得税。

④企业向自然人借款的利息支出在企业所得税税前的扣除。

a. 企业向股东或其他与企业有关联关系的自然人借款的利息支出,应根据《企业所得税法》第四十六条及《财政部　国家税务总局　关于企业关联方利息支出税前扣除标准有关税收政策问题的通知》(财税〔2008〕121号)规定的条件,计算企业所得税扣除额。

b. 企业向除a条规定以外的内部职工或其他人员借款的利息支出,其借款情况同时符合以下条件的,其利息支出在不超过按照金融企业同期同类贷款利率计算的数额的部分,准予扣除。

条件一:企业与个人之间的借贷是真实、合法、有效的,并且不具有非法集资目的或其他违反法律、法规的行为。

条件二:企业与个人之间签订了借款合同。

(5)借款费用。

①企业在生产经营活动中发生的合理的不需要资本化的借款费用,准予扣除。

②企业为购置、建造固定资产、无形资产和经过12个月以上的建造才能达到预定可销售状态的存货发生借款的,在有关资产购置、建造期间发生的合理的借款费用,应予以资本化,作为资本性支出计入有关资产的成本;有关资产交付使用后发生的借款利息,可在发生当期扣除。

③企业通过发行债券、取得贷款、吸收保户储金等方式融资而发生的合理的费用支出,符合资本化条件的,应计入相关资产成本;不符合资本化条件的,应作为财务费用,准予在企业所得税前据实扣除。

(6)汇兑损失。

企业在货币交易中,以及纳税年度终了时将人民币以外的货币性资产、负债按照期末即期人民币汇率中间价折算为人民币时产生的汇兑损失,除已经计入有关资产成本以及与向所有者进行利润分配相关的部分外,准予扣除。

(7)业务招待费。

①企业发生的与生产经营活动有关的业务招待费支出,按照发生额的60%扣除,但最高不得超过当年销售(营业)收入的5‰。

②从事股权投资业务的企业(包括集团公司总部、创业投资企业等),其从被投资企业所分配的股息、红利以及股权转让收入,可以按规定的比例计算业务招待费扣除限额。

③企业在筹建期间,发生的与筹办活动有关的业务招待费支出,可按实际发生额的60%计入企业筹办费,并按有关规定在税前扣除。

(8)广告费和业务宣传费。

①企业发生的符合条件的广告费和业务宣传费支出，除国务院财政、税务主管部门另有规定外，不超过当年销售(营业)收入15%的部分，准予扣除；超过部分，准予在以后纳税年度结转扣除。

②自2016年1月1日起至2020年12月31日止，对化妆品制造或销售、医药制造和饮料制造(不含酒类制造)企业发生的广告费和业务宣传费支出，不超过当年销售(营业)收入30%的部分，准予扣除；超过部分，准予在以后纳税年度结转扣除。

③对签订广告费和业务宣传费分摊协议(以下简称分摊协议)的关联企业，其中一方发生的不超过当年销售(营业)收入税前扣除限额比例内的广告费和业务宣传费支出可以在本企业扣除，也可以将其中的部分或全部按照分摊协议归集至另一方扣除。另一方在计算本企业广告费和业务宣传费支出企业所得税税前扣除限额时，可将按照上述办法归集至本企业的广告费和业务宣传费不计算在内。

④企业在筹建期间，发生的广告费和业务宣传费，可按实际发生额计入企业筹办费，可按上述规定在税前扣除。

⑤烟草企业的烟草广告费和业务宣传费支出，一律不得在计算应纳税所得额时扣除。企业申报扣除的广告费支出应与赞助支出严格区分。企业申报扣除的广告费支出必须符合下列条件：广告是通过工商部门批准的专门机构制作的；已实际支付费用，并已取得相应发票；通过一定的媒体传播。

(9)环境保护专项资金。

企业依照法律、行政法规有关规定提取的用于环境保护、生态恢复等方面的专项资金，准予扣除。上述专项资金提取后改变用途的，不得扣除。

(10)保险费。

企业参加财产保险，按照规定缴纳的保险费，准予扣除。

(11)租赁费。

企业根据生产经营活动的需要租入固定资产支付的租赁费，按照以下方法扣除：

①以经营租赁方式租入固定资产发生的租赁费支出，按照租赁期限均匀扣除。经营性租赁是指所有权不转移的租赁。

②以融资租赁方式租入固定资产发生的租赁费支出，按照规定构成融资租入固定资产价值的部分应当提取折旧费用，分期扣除。融资租赁是指在实质上转移与一项资产所有权有关的全部风险和报酬的一种租赁。

(12)劳动保护费。

企业发生的合理的劳动保护支出，准予扣除。自2011年7月1日起，企业根据其工作性质和特点，由企业统一制作并要求员工工作时统一着装所发生的工作服饰费用，根据《实施条例》第二十七条的规定，可以作为企业合理的支出给予税前扣除。

(13)公益性捐赠支出。

公益性捐赠，是指企业通过公益性社会团体或者县级(含县级)以上人民政府及其部门，用于《中华人民共和国公益事业捐赠法》规定的公益事业的捐赠。

企业发生的公益性捐赠支出，不超过年度利润总额12%的部分，准予扣除。超过年度利润总额12%的部分，准予以后三年内在计算应纳税所得额时结转扣除。年度利润总额，是指企业依照国家统一会计制度的规定计算的年度会计利润。

企业发生的公益性捐赠支出未在当年税前扣除的部分,自 2017 年 1 月 1 日起准予向以后年度结转扣除,但结转年限自捐赠发生年度的次年起计算最长不得超过三年。企业在对公益性捐赠支出计算扣除时,应先扣除以前年度结转的捐赠支出,再扣除当年发生的捐赠支出。

(14)有关资产的费用。

企业转让各类固定资产发生的费用,允许扣除。企业按规定计算的固定资产折旧费、无形资产和递延资产的摊销费,准予扣除。

(15)总机构分摊的费用。

非居民企业在中国境内设立的机构、场所,就其中国境外总机构发生的与该机构、场所生产经营有关的费用,能够提供总机构出具的费用汇集范围、定额、分配依据和方法等证明文件,并合理分摊的,准予扣除。

(16)资产损失。

企业当期发生的固定资产和流动资产盘亏、毁损净损失,由其提供清查盘存资料经主管税务机关审核后,准予扣除。

(17)依照有关法律、行政法规和国家有关税法规定准予扣除的其他项目。

例如,会员费、合理的会议费、差旅费、违约金、诉讼费用等。

(18)手续费及佣金支出。

①企业发生的与生产经营有关的手续费及佣金支出,不超过以下规定计算限额的部分,准予扣除;超过部分,不得扣除:

• 保险企业:财产保险企业按当年全部保费收入扣除退保金等后余额的 15%(含本数,下同)计算限额,在计算应纳税所得额时准予扣除;超过部分,允许结转以后年度扣除;人身保险企业按当年全部保费收入扣除退保金等后余额的 10% 计算限额。

• 其他企业:按与具有合法经营资格中介服务机构或个人(不含交易双方及其雇员、代理人和代表人等)所签订服务协议或合同确认收入金额的 5% 计算限额。

②企业应与具有合法经营资格的中介服务企业或个人签订代办协议或合同,并按国家有关规定支付手续费及佣金。除委托个人代理外,企业以现金等非转账方式支付的手续费及佣金不得在税前扣除。企业为发行权益性证券支付给有关证券承销机构的手续费及佣金不得在税前扣除。

③企业不得将手续费及佣金支出计入业务提成、返利、进场费等费用。

④企业已计入固定资产、无形资产等相关资产的手续费及佣金支出,应当通过折旧、摊销等方式分期扣除,不得在发生当期直接扣除。

⑤企业支付的手续费及佣金不得直接冲减服务协议或合同金额,并如实入账。

⑥电信企业在发展客户、拓展业务等过程中(如委托销售电话入网卡、电话充值卡等),需向经纪人、代办商支付手续费及佣金的,其实际发生的相关手续费及佣金支出,不超过企业当年收入总额 5% 的部分,准予在企业所得税前据实扣除。

⑦从事代理服务、主营业务收入为手续费、佣金的企业(如证券、期货、保险代理等企业),其为取得该类收入而实际发生的营业成本(包括手续费及佣金支出),准予在企业所得税前据实扣除。

(19)根据《企业所得税法》第二十一条规定,对企业依据财务会计制度规定,并实际在财务会计处理上已确认的支出，凡没有超过《企业所得税法》和有关税收法规规定的税前扣除范围和标准的，可按企业实际会计处理确认的支出，在企业所得税前扣除，计算其应纳税所得额。

四、不得扣除的项目

在计算应纳税所得额时，下列支出不得扣除：

(1)向投资者支付的股息、红利等权益性投资收益款项。

(2)企业所得税税款。

(3)税收滞纳金，是指纳税人违反税收法规，被税务机关处以的滞纳金。

(4)罚金、罚款和被没收财物的损失，是指纳税人违反国家有关法律、法规规定，被有关部门处以的罚款，以及被司法机关处以的罚金和被没收财物。

(5)超过规定标准的捐赠支出。

(6)赞助支出，是指企业发生的与生产经营活动无关的各种非广告性质支出。

(7)未经核定的准备金支出，是指不符合国务院财政、税务主管部门规定的各项资产减值准备、风险准备等准备金支出。

(8)企业之间支付的管理费、企业内营业机构之间支付的租金和特许权使用费，以及非银行企业内营业机构之间支付的利息，不得扣除。

(9)与取得收入无关的其他支出。

五、亏损弥补

(1)亏损，是指企业依照《企业所得税法》及其暂行条例的规定，将每一纳税年度的收入总额减除不征税收入、免税收入和各项扣除后小于零的数额。税法规定，企业某一纳税年度发生的亏损可以用下一年度的所得弥补，下一年度的所得不足以弥补的，可以逐年延续弥补，但最长不得超过 5 年。而且，企业在汇总计算缴纳企业所得税时，其境外营业机构的亏损不得抵减境内营业机构的盈利。

(2)自 2018 年 1 月 1 日起，当年具备高新技术企业或科技型中小企业资格(以下统称资格)的企业，其具备资格年度之前 5 个年度发生的尚未弥补完的亏损，准予结转以后年度弥补，最长结转年限由 5 年延长至 10 年。

上述所称高新技术企业，是指按照《科技部　财政部　国家税务总局　关于修订印发〈高新技术企业认定管理办法〉的通知》(国科发火〔2016〕32 号)规定认定的高新技术企业；所称科技型中小企业，是指按照《科技部　财政部　国家税务总局　关于印发〈科技型中小企业评价办法〉的通知》(国科发政〔2017〕115 号)规定取得科技型中小企业登记编号的企业。

(3)企业筹办期间不计算为亏损年度，企业自开始生产经营的年度，为开始计算企业损益的年度。企业从事生产经营之前进行筹办活动期间发生筹办费用支出，不得计算为当期的亏损，企业可以在开始经营之日的当年一次性扣除，也可以按照新税法有关长期待摊费用的处理规定处理，但一经选定，不得改变。

(4)税务机关对企业以前年度纳税情况进行检查时调增的应纳税所得额，凡企业以前年度发生亏损且该亏损属于企业所得税法规定允许弥补的，应允许调增的应纳税所得额弥补该亏损。弥补该亏损后仍有余额的，按照企业所得税法规定计算缴纳企业所得税。对检查调增的应纳税所得额应根据其情节，依照《税收征收管理法》有关规定进行处理或处罚。

上述规定自2010年12月1日开始执行。以前（含2008年度之前）没有处理的事项，按本规定执行。

(5)对企业发现以前年度实际发生的、按照税收规定应在企业所得税前扣除而未扣除或者少扣除的支出，企业作出专项申报及说明后，准予追补至该项目发生年度计算扣除，但追补确认期限不得超过5年。

企业由于上述原因多缴的企业所得税税款，可以在追补确认年度企业所得税应纳税款中抵扣，不足抵扣的，可以向以后年度递延抵扣或申请退税。

亏损企业追补确认以前年度未在企业所得税前扣除的支出，或盈利企业经过追补确认后出现亏损的，应首先调整该项支出所属年度的亏损额，然后再按照弥补亏损的原则计算以后年度多缴的企业所得税款，并按前款规定处理。

第三节 税收优惠

税收优惠，是指国家对某一部分特定企业和课税对象给予减轻或免除税收负担的一种措施。税法规定的企业所得税的税收优惠方式包括免税、减税、加计扣除、加速折旧、减计收入、税额抵免等。

一、免征与减征优惠

企业的下列所得，可以免征、减征企业所得税。企业如果从事国家限制和禁止发展的项目，不得享受企业所得税优惠。

（一）从事农、林、牧、渔业项目的所得

企业从事农、林、牧、渔业项目的所得，包括免征和减征两部分。

(1)企业从事下列项目的所得，免征企业所得税：

①蔬菜、谷物、薯类、油料、豆类、棉花、麻类、糖料、水果、坚果的种植。

②农作物新品种的选育。

③中药材的种植。

④林木的培育和种植。

⑤牲畜、家禽的饲养

⑥林产品的采集。

⑦灌溉、农产品初加工、兽医、农技推广、农机作业和维修等农、林、牧、渔服务业项目。

⑧远洋捕捞。

(2)企业从事下列项目的所得，减半征收企业所得税：

①花卉、茶以及其他饮料作物和香料作物的种植。

②海水养殖、内陆养殖。

（二）从事国家重点扶持的公共基础设施项目投资经营的所得

企业所得税法所称国家重点扶持的公共基础设施项目，是指《公共基础设施项目企业所得税优惠目录》规定的港口码头、机场、铁路、公路、电力、水利等项目。

(1)企业从事国家重点扶持的公共基础设施项目的投资经营的所得，自项目取得第一笔

生产经营收入所属纳税年度起，第 1 年至第 3 年免征企业所得税，第 4 年至第 6 年减半征收企业所得税。

(2)企业承包经营、承包建设和内部自建自用本条规定的项目，不得享受本条规定的企业所得税优惠。

(3)企业投资经营符合《公共基础设施项目企业所得税优惠目录》规定条件和标准的公共基础设施项目，采用一次核准、分批次(如码头、泊位、航站楼、跑道、路段、发电机组等)建设的，凡同时符合以下条件的，可按每一批次为单位计算所得，并享受企业所得税"三免三减半"优惠：

①不同批次在空间上相互独立。

②每一批次自身具备取得收入的功能。

③以每一批次为单位进行会计核算，单独计算所得，并合理分摊期间费用。

(三)从事符合条件的环境保护、节能节水项目的所得

环境保护、节能节水项目的所得，自项目取得第一笔生产经营收入所属纳税年度起，第 1 年至第 3 年免征企业所得税，第 4 年至第 6 年减半征收企业所得税。

符合条件的环境保护、节能节水项目，包括公共污水处理、公共垃圾处理、沼气综合开发利用、节能减排技术改造、海水淡化等。项目的具体条件和范围由国务院财政、税务主管部门会同国务院有关部门制定，报国务院批准后公布施行。

但是以上规定享受减免税优惠的项目，在减免税期限内转让的，受让方自受让之日起，可以在剩余期限内享受规定的减免税优惠；减免税期限届满后转让的，受让方不得就该项目重复享受减免税优惠。

(四)符合条件的技术转让所得

(1)企业所得税法所称符合条件的技术转让所得免征、减征企业所得税，是指一个纳税年度内，居民企业转让技术所有权所得不超过 500 万元的部分，免征企业所得税；超过 500 万元的部分，减半征收企业所得税。

(2)技术转让的范围，包括居民企业转让专利技术、计算机软件著作权、集成电路布图设计权、植物新品种、生物医药新品种、5 年(含)以上非独占许可使用权，以及财政部和国家税务总局确定的其他技术。

(3)符合条件的技术转让所得的计算方法：

技术转让所得 = 技术转让收入 - 技术转让成本 - 相关税费

或 技术转让所得 = 技术转让收入 - 无形资产摊销费用 - 相关税费 - 应分摊期间费用

①技术转让收入是指当事人履行技术转让合同后获得的价款，不包括销售或转让设备、仪器、零部件、原材料等非技术性收入。不属于与技术转让项目密不可分的技术咨询、技术服务、技术培训等收入，不得计入技术转让收入。

可以计入技术转让收入的技术咨询、技术服务、技术培训收入，是指转让方为使受让方掌握所转让的技术投入使用、实现产业化而提供的必要的技术咨询、技术服务、技术培训所产生的收入，并应同时符合以下条件：

- 在技术转让合同中约定的与该技术转让相关的技术咨询、技术服务、技术培训。
- 技术咨询、技术服务、技术培训收入与该技术转让项目收入一并收取价款。

②技术转让成本是指转让的无形资产的净值,即该无形资产的计税基础减除在资产使用期间按照规定计算的摊销扣除额后的余额。

③相关税费是指技术转让过程中实际发生的有关税费,包括除企业所得税和允许抵扣的增值税以外的各项税金及其附加、合同签订费用、律师费等相关费用及其他支出。

(4)享受减免企业所得税优惠的技术转让应符合以下条件:

①享受优惠的技术转让主体是企业所得税法规定的居民企业。

②技术转让属于财政部、国家税务总局规定的范围。

③境内技术转让经省级以上科技部门认定。

④向境外转让技术经省级以上商务部门认定。

⑤国务院税务主管部门规定的其他条件。

(5)技术转让应签订技术转让合同。其中,境内的技术转让须经省级以上(含省级)科技部门认定登记,跨境的技术转让须经省级以上(含省级)商务部门认定登记,涉及财政经费支持的技术转让,需省级以上(含省级)科技部门审批。

(6)居民企业技术出口应由有关部门按照商务部、科技部发布的《中国禁止出口限制出口技术目录》(商务部、科技部令 2008 年第 12 号)进行审查。居民企业取得禁止出口和限制出口技术转让所得,不享受技术转让减免企业所得税优惠政策。

(7)居民企业从直接或间接持有股权之和达到 100% 的关联方取得的技术转让所得,不享受技术转让减免企业所得税优惠政策。

(8)享受技术转让所得减免企业所得税优惠的企业,应单独计算技术转让所得,并合理分摊企业的期间费用;没有单独计算的,不得享受技术转让所得企业所得税优惠。

(9)企业发生技术转让,应在纳税年度终了后至报送年度纳税申报表以前,向主管税务机关办理减免税备案手续。

二、高新技术企业优惠

(一)高新技术企业的优惠税率

国家需要重点扶持的高新技术企业减按 15% 的税率征收企业所得税。国家需要重点扶持的高新技术企业,是指拥有核心自主知识产权,并同时符合下列条件的企业:

(1)企业申请认定时须注册成立一年以上。

(2)企业通过自主研发、受让、受赠、并购等方式,获得对其主要产品(服务)在技术上发挥核心支持作用的知识产权的所有权。

(3)对企业主要产品(服务)发挥核心支持作用的技术属于《国家重点支持的高新技术领域》规定的范围。

(4)企业从事研发和相关技术创新活动的科技人员占企业当年职工总数的比例不低于 10% 。

(5)企业近三个会计年度(实际经营期不满三年的按实际经营时间计算,下同)的研究开发费用总额占同期销售收入总额的比例符合如下要求:

①最近一年销售收入小于 5 000 万元(含)的企业,比例不低于 5% ;

②最近一年销售收入在 5 000 万元至 2 亿元(含)的企业,比例不低于 4% ;

③最近一年销售收入在 2 亿元以上的企业,比例不低于 3% 。其中,企业在中国境内发

生的研究开发费用总额占全部研究开发费用总额的比例不低于60%。

(6)近一年高新技术产品(服务)收入占企业同期总收入的比例不低于60%。

(7)企业创新能力评价应达到相应要求。

(8)企业申请认定前一年内未发生重大安全、重大质量事故或严重环境违法行为。

(二)高新技术企业境外所得适用税率及税收抵免规定

根据财税〔2011〕47号规定,自2010年1月1日起,高新技术企业境外所得适用税率及税收抵免有关问题按以下规定执行:

(1)以境内、境外全部生产经营活动有关的研究开发费用总额、总收入、销售收入总额、高新技术产品(服务)收入等指标申请并经认定的高新技术企业,其来源于境外的所得可以享受高新技术企业所得税优惠政策,即对其来源于境外所得可以按照15%的优惠税率缴纳企业所得税,在计算境外抵免限额时,可按照15%的优惠税率计算境内外应纳税总额。

(2)上述高新技术企业境外所得税收抵免的其他事项,仍按照财税〔2009〕125号文件的有关规定执行。

(3)此处所称高新技术企业,是指依照《中华人民共和国企业所得税法》及其实施条例规定,经认定机构按照《高新技术企业认定管理办法》(国科发火〔2008〕172号)和《高新技术企业认定管理工作指引》(国科发火〔2008〕362号)认定取得高新技术企业证书并正在享受企业所得税15%税率优惠的企业。

(三)高新技术企业资格复审期间企业所得税预缴规定

根据国家税务总局公告2011年第4号规定,高新技术企业资格复审结果公示之前企业所得税预缴按以下规定执行:

高新技术企业应在资格期满前三个月内提出复审申请,在通过复审之前,在其高新技术企业资格有效期内,其当年企业所得税暂按15%的税率预缴。

(四)取消高新技术企业资格的情况

已认定的高新技术企业有下列行为之一的,由认定机构取消其高新技术企业资格:

(1)在申请认定过程中存在严重弄虚作假行为的。

(2)发生重大安全、重大质量事故或有严重环境违法行为的。

(3)未按期报告与认定条件有关重大变化情况,或累计两年未填报年度发展情况报表的。

对被取消高新技术企业资格的企业,由认定机构通知税务机关按《税收征管法》及有关规定,追缴其自发生上述行为之日所属年度起已享受的高新技术企业税收优惠。

三、技术先进型服务企业优惠

(一)技术先进型服务企业的优惠税率

自2017年1月1日起,在全国范围内对经认定的技术先进型服务企业,减按15%的税率征收企业所得税。

(二)技术先进型服务企业的条件

享受符合规定的企业所得税优惠政策的技术先进型服务企业必须同时符合以下条件:

(1)在中国境内(不包括港、澳、台地区)注册的法人企业。

(2)从事《技术先进型服务业务认定范围(试行)》中的一种或多种技术先进型服务业务,采用先进技术或具备较强的研发能力。

(3)具有大专以上学历的员工占企业职工总数的50%以上。

(4)从事《技术先进型服务业务认定范围(试行)》中的技术先进型服务业务取得的收入占企业当年总收入的50%以上。

(5)从事离岸服务外包业务取得的收入不低于企业当年总收入的35%。从事离岸服务外包业务取得的收入,是指企业根据境外单位与其签订的委托合同,由本企业或其直接转包的企业为境外单位提供《技术先进型服务业务认定范围(试行)》中所规定的信息技术外包服务(ITO)、技术性业务流程外包服务(BPO)和技术性知识流程外包服务(KPO),而从上述境外单位取得的收入。

(三)技术先进型服务企业的认定管理

(1)省级科技部门会同本级商务、财政、税务和发展改革部门根据规定制定本省(自治区、直辖市、计划单列市)技术先进型服务企业认定管理办法,并负责本地区技术先进型服务企业的认定管理工作。各省(自治区、直辖市、计划单列市)技术先进型服务企业认定管理办法应报科技部、商务部、财政部、税务总局和国家发展改革委备案。

(2)符合条件的技术先进型服务企业应向所在省级科技部门提出申请,由省级科技部门会同本级商务、财政、税务和发展改革部门联合评审后发文认定,并将认定企业名单及有关情况通过科技部"全国技术先进型服务企业业务办理管理平台"备案,科技部与商务部、财政部、税务总局和国家发展改革委共享备案信息。符合条件的技术先进型服务企业须在商务部"服务贸易统计监测管理信息系统(服务外包信息管理应用)"中填报企业基本信息,按时报送数据。

经认定的技术先进型服务企业,持相关认定文件向所在地主管税务机关办理享受本通知第一条规定的企业所得税优惠政策事宜。享受企业所得税优惠的技术先进型服务企业条件发生变化的,应当自发生变化之日起15日内向主管税务机关报告;不再符合享受税收优惠条件的,应当依法履行纳税义务。主管税务机关在执行税收优惠政策过程中,发现企业不具备技术先进型服务企业资格的,应提请认定机构复核。复核后确认不符合认定条件的,应取消企业享受税收优惠政策的资格。

(1)省级科技、商务、财政、税务和发展改革部门对经认定并享受税收优惠政策的技术先进型服务企业应做好跟踪管理,对变更经营范围、合并、分立、转业、迁移的企业,如不再符合认定条件,应及时取消其享受税收优惠政策的资格。

(2)省级财政、税务、商务、科技和发展改革部门要认真贯彻落实各项规定,在认定工作中对内外资企业一视同仁,平等对待,切实做好沟通与协作工作。在政策实施过程中发现问题,要及时反映上报财政部、税务总局、商务部、科技部和国家发展改革委。

(3)省级科技、商务、财政、税务和发展改革部门及其工作人员在认定技术先进型服务企业工作中,存在违法违纪行为的,按照《公务员法》《行政监察法》等国家有关规定追究相应责任;涉嫌犯罪的,移送司法机关处理。

四、小型微利企业优惠

(一)小型微利企业认定

小型微利企业减按20%的税率征收企业所得税。小型微利企业的条件如下:

(1)工业企业,年度应纳税所得额不超过 50 万元,从业人数不超过 100 人,资产总额不超过 3 000 万元。

(2)其他企业,年度应纳税所得额不超过 50 万元,从业人数不超过 80 人,资产总额不超过 1 000 万元。

从业人数,包括与企业建立劳动关系的职工人数和企业接受的劳务派遣用工人数。从业人数和资产总额指标,应按企业全年的季度平均值确定。具体计算公式如下:

季度平均值 = (季初值 + 季末值) ÷ 2

全年季度平均值 = 全年各季度平均值之和 ÷ 4

年度中间开业或者终止经营活动的,以其实际经营期作为一个纳税年度确定上述相关指标。

小型微利企业,是指企业的全部生产经营活动产生的所得均负有我国企业所得税纳税义务的企业。仅就来源于我国所得负有我国纳税义务的非居民企业,不适用上述规定。

(二)小型微利企业 2019 年 1 月 1 日至 2021 年 12 月 31 日优惠政策

对小型微利企业年应纳税所得额不超过 100 万元的部分,减按 25% 计入应纳税所得额,按 20% 的税率缴纳企业所得税;对年应纳税所得额超过 100 万元但不超过 300 万元的部分,减按 50% 计入应纳税所得额,按 20% 的税率缴纳企业所得税。

上述小型微利企业是指从事国家非限制和禁止行业,且同时符合年度应纳税所得额不超过 300 万元、从业人数不超过 300 人、资产总额不超过 5 000 万元三个条件的企业。

从业人数,包括与企业建立劳动关系的职工人数和企业接受的劳务派遣用工人数。所称从业人数和资产总额指标,应按企业全年的季度平均值确定。具体计算公式如下:

季度平均值 = (季初值 + 季末值) ÷ 2

全年季度平均值 = 全年各季度平均值之和 ÷ 4

年度中间开业或者终止经营活动的,以其实际经营期作为一个纳税年度确定上述相关指标。

五、加计扣除优惠

加计扣除是指对企业支出项目按规定的比例给予税前扣除的基础上再给予追加扣除。加计扣除优惠包括以下四项内容:

(一)一般企业研究开发费

研究开发费,自 2018 年至 2020 年 12 月 31 日,未形成无形资产计入当期损益的,在按照规定据实扣除的基础上,再按照研究开发费用的 75% 加计扣除;形成无形资产的,按照无形资产成本的 175% 摊销。

从 2017 年 1 月 1 日起,可以加计扣除的研究开发费按下列相关规定执行:

1. 人员人工费用

人员人工费用指直接从事研发活动人员的工资薪金、基本养老保险费、基本医疗保险费、失业保险费、工伤保险费、生育保险费和住房公积金,以及外聘研发人员的劳务费用。

(1)直接从事研发活动人员包括研究人员、技术人员、辅助人员。研究人员是指主要从事研究开发项目的专业人员;技术人员是指具有工程技术、自然科学和生命科学中一个或一个以上领域的技术知识和经验,在研究人员指导下参与研发工作的人员;辅助人员是指参与研究开发活动的技工。外聘研发人员是指与本企业或劳务派遣企业签订劳务用工协议(合同)和临时聘用的研究人员、技术人员、辅助人员。

接受劳务派遣的企业按照协议(合同)约定支付给劳务派遣企业,且由劳务派遣企业实际支付给外聘研发人员的工资薪金等费用,属于外聘研发人员的劳务费用。

(2)工资薪金包括按规定可以在税前扣除的对研发人员股权激励的支出。

(3)直接从事研发活动的人员、外聘研发人员同时从事非研发活动的,企业应对其人员活动情况做必要记录,并将其实际发生的相关费用按实际工时占比等合理方法在研发费用和生产经营费用间分配,未分配的不得加计扣除。

2. 直接投入费用

直接投入费用指:研发活动直接消耗的材料、燃料和动力费用;用于中间试验和产品试制的模具、工艺装备开发及制造费,不构成固定资产的样品、样机及一般测试手段购置费,试制产品的检验费;用于研发活动的仪器、设备的运行维护、调整、检验、维修等费用;以及通过经营租赁方式租入的用于研发活动的仪器、设备租赁费。

(1)以经营租赁方式租入的用于研发活动的仪器、设备,同时用于非研发活动的,企业应对其仪器设备使用情况做必要记录,并将其实际发生的租赁费按实际工时占比等合理方法在研发费用和生产经营费用间分配,未分配的不得加计扣除。

(2)企业研发活动直接形成产品或作为组成部分形成的产品对外销售的,研发费用中对应的材料费用不得加计扣除。

产品销售与对应的材料费用发生在不同纳税年度且材料费用已计入研发费用的,可在销售当年以对应的材料费用发生额直接冲减当年的研发费用,不足冲减的,结转以后年度继续冲减。

3. 折旧费用

折旧费用指用于研发活动的仪器、设备的折旧费。

(1)用于研发活动的仪器、设备,同时用于非研发活动的,企业应对其仪器设备使用情况做必要记录,并将其实际发生的折旧费按实际工时占比等合理方法在研发费用和生产经营费用间分配,未分配的不得加计扣除。

(2)企业用于研发活动的仪器、设备,符合税法规定且选择加速折旧优惠政策的,在享受研发费用税前加计扣除政策时,就税前扣除的折旧部分计算加计扣除。

4. 无形资产摊销费用

无形资产摊销费用指用于研发活动的软件、专利权、非专利技术(包括许可证、专有技术、设计和计算方法等)的摊销费用。

(1)用于研发活动的无形资产,同时用于非研发活动的,企业应对其无形资产使用情况做必要记录,并将其实际发生的摊销费按实际工时占比等合理方法在研发费用和生产经营费用间分配,未分配的不得加计扣除。

(2)用于研发活动的无形资产,符合税法规定且选择缩短摊销年限的,在享受研发费用税前加计扣除政策时,就税前扣除的摊销部分计算加计扣除。

5. 新产品设计费、新工艺规程制定费、新药研制的临床试验费、勘探开发技术的现场试验费

此费用指企业在新产品设计、新工艺规程制定、新药研制的临床试验、勘探开发技术的

现场试验过程中发生的与开展该项活动有关的各类费用。

6. 其他相关费用

其他相关费用指与研发活动直接相关的其他费用，如技术图书资料费、资料翻译费、专家咨询费、高新科技研发保险费，研发成果的检索、分析、评议、论证、鉴定、评审、评估、验收费用，知识产权的申请费、注册费、代理费、差旅费、会议费、职工福利费、补充养老保险费、补充医疗保险费。

此类费用总额不得超过可加计扣除研发费用总额的10% 。

7. 其他事项

(1)企业取得的政府补助，会计处理时采用直接冲减研发费用方法且税务处理时未将其确认为应税收入的，应按冲减后的余额计算加计扣除金额。

(2)企业取得研发过程中形成的下脚料、残次品、中间试制品等特殊收入，在计算确认收入当年的加计扣除研发费用时，应从已归集研发费用中扣减该特殊收入，不足扣减的，加计扣除研发费用按零计算。

(3)企业开展研发活动中实际发生的研发费用形成无形资产的，其资本化的时点与会计处理保持一致。

(4)失败的研发活动所发生的研发费用可享受税前加计扣除政策。

(5)国家税务总局公告2015年第97号第三条所称“研发活动发生费用”是指委托方实际支付给受托方的费用。无论委托方是否享受研发费用税前加计扣除政策，受托方均不得加计扣除。

委托方委托关联方开展研发活动的，受托方需向委托方提供研发过程中实际发生的研发项目费用支出明细情况。

(6)执行时间和适用对象。

上述规定适用于2017年度及以后年度汇算清缴。以前年度已经进行税务处理的不再调整。涉及追溯享受优惠政策情形的，按照规定执行。以下“(二)科技型中小企业研发费用”加计扣除事项按上述规定执行。

(二)科技型中小企业研究开发费用

(1)科技型中小企业开展研发活动中实际发生的研发费用，未形成无形资产计入当期损益的，在按规定据实扣除的基础上，在2017年1月1日至2019年12月31日期间，再按照实际发生额的75%在税前加计扣除；形成无形资产的，在上述期间按照无形资产成本的175%在税前摊销。根据财税〔2018〕99号文，该研发费用加计扣除政策适用时限延长至2020年12月31日。

(2)科技型中小企业享受研发费用税前加计扣除政策的其他政策口径按照《财政部国家税务总局科技部关于完善研究开发费用税前加计扣除政策的通知》(财税〔2015〕119号)规定执行。

(3)科技型中小企业条件和管理办法由科技部、财政部和国家税务总局另行发布。科技、财政和税务部门应建立信息共享机制，及时共享科技型中小企业的相关信息，加强协调配合，保障优惠政策落实到位。

(三)企业委托境外研究开发费用与税前加计扣除

按照《财政部 税务总局　科技部关于企业委托境外研究开发费用税前加计扣除有关政

策问题的通知》(财税〔2018〕64 号)文件的规定,企业委托境外的研发费用按照费用实际发生额的 80% 计入委托方的委托境外研发费用,不超过境内符合条件的研发费用 2/3 的部分,可以按规定在企业所得税前加计扣除。

(四)企业安置残疾人员所支付的工资

企业安置残疾人员所支付工资费用的加计扣除,是指企业安置残疾人员的,在按照支付给残疾职工工资据实扣除的基础上,按照支付给残疾职工工资的 100% 加计扣除。残疾人员的范围适用《中华人民共和国残疾人保障法》的有关规定。企业安置国家鼓励安置的其他就业人员所支付的工资的加计扣除办法,由国务院另行规定。

六、创投企业优惠

创业投资企业从事国家需要重点扶持和鼓励的创业投资,可以按投资额的一定比例抵扣应纳税所得额。

创投企业优惠,是指创业投资企业采取股权投资方式直接投资于初创科技型企业满 2 年的,可以按照其投资额的 70% 在股权持有满 2 年的当年抵扣该创业投资企业的应纳税所得额;当年不足抵扣的,可以在以后纳税年度结转抵扣。

七、加速折旧优惠

(一)可以加速折旧的固定资产

企业的固定资产由于技术进步等原因,确需加速折旧的,可以缩短折旧年限或者采取加速折旧的方法。可采用以上折旧方法的固定资产是指:

(1)由于技术进步,产品更新换代较快的固定资产。

(2)常年处于强震动、高腐蚀状态的固定资产。

采取缩短折旧年限方法的,最低折旧年限不得低于规定折旧年限的 60%;采取加速折旧方法的,可以采取双倍余额递减法或者年数总和法。

(二)生物药品制造等 6 个行业加速折旧规定

依据财税〔2014〕75 号文件,对有关固定资产加速折旧企业所得税政策问题规定如下:

(1)对生物药品制造业,专用设备制造业,铁路、船舶、航空航天和其他运输设备制造业,计算机、通信和其他电子设备制造业,仪器仪表制造业,信息传输、软件和信息技术服务业等 6 个行业的企业 2014 年 1 月 1 日后新购进的固定资产,可缩短折旧年限或采取加速折旧的方法。

对上述 6 个行业的小型微利企业 2014 年 1 月 1 日后新购进的研发和生产经营共用的仪器、设备,单位价值不超过 100 万元的,允许一次性计入当期成本费用在计算应纳税所得额时扣除,不再分年度计算折旧;单位价值超过 100 万元的,可缩短折旧年限或采取加速折旧的方法。

(2)对所有行业企业 2014 年 1 月 1 日后新购进的专门用于研发的仪器、设备,单位价值不超过 100 万元的,允许一次性计入当期成本费用在计算应纳税所得额时扣除,不再分年度计算折旧;单位价值超过 100 万元的,可缩短折旧年限或采取加速折旧的方法。

(3)对所有行业企业持有的单位价值不超过 5 000 元的固定资产,允许一次性计入当期成本费用,在计算应纳税所得额时扣除,不再分年度计算折旧。

(4)企业按上述第(1)条、第(2)条规定缩短折旧年限的,对其购置的新固定资产,最低折旧年限不得低于《企业所得税法实施条例》规定的折旧年限的60%;企业购置已使用过的固定资产,其最低折旧年限不得低于《企业所得税法实施条例》规定的最低折旧年限减去已使用年限后剩余年限的60%。采取加速折旧方法的,可采取双倍余额递减法或者年数总和法。第(1)~(3)条规定之外的企业固定资产加速折旧所得税处理问题,继续按照企业所得税法及其实施条例和现行税收政策规定执行。

(三)轻工、纺织、机械、汽车四个领域重点行业加速折旧规定

(1)对轻工、纺织、机械、汽车四个领域重点行业(以下简称四个领域重点行业)企业2015年1月1日后新购进的固定资产(包括自行建造,下同),允许缩短折旧年限或采取加速折旧方法。

四个领域重点行业按照财税〔2015〕106号附件"轻工、纺织、机械、汽车四个领域重点行业范围"确定。今后国家有关部门更新国民经济行业分类与代码,从其规定。

四个领域重点行业企业是指以上述行业业务为主营业务,其固定资产投入使用当年的主营业务收入占企业收入总额50%(不含)以上的企业。所称收入总额,是指《企业所得税法》第六条规定的收入总额。

(2)对四个领域重点行业小型微利企业2015年1月1日后新购进的研发和生产经营共用的仪器、设备,单位价值不超过100万元(含)的,允许在计算应纳税所得额时一次性全额扣除;单位价值超过100万元的,允许缩短折旧年限或采取加速折旧方法。

用于研发活动的仪器、设备范围口径,按照《国家税务总局关于印发〈企业研究开发费用税前扣除管理办法(试行)的通知》(国税发〔2008〕116号)或《科学技术部　财政部　国家税务总局　关于印发〈高新技术企业认定管理工作指引〉的通知》(国科发火〔2008〕362号)规定执行。

小型微利企业,是指《企业所得税法》第二十八条规定的小型微利企业。

(3)企业按(1)、(2)条规定缩短折旧年限的,对其购置的新固定资产,最低折旧年限不得低于《实施条例》第六十条规定的折旧年限的60%;对其购置的已使用过的固定资产,最低折旧年限不得低于《实施条例》规定的最低折旧年限减去已使用年限后剩余年限的60%。最低折旧年限一经确定,不得改变。

(4)企业按上述第(1)、(2)条规定采取加速折旧方法的,可以采用双倍余额递减法或者年数总和法。加速折旧方法一经确定,不得改变。

(四)设备、器具等固定资产一次性扣除规定

企业在2018年1月1日至2020年12月31日期间新购进的设备、器具(指除房屋、建筑物以外的固定资产),单位价值不超过500万元的,允许一次性计入当期成本费用在计算应纳税所得额时扣除,不再分年度计算折旧;单位价值超过500万元的,仍按《企业所得税法实施条例》、《财政部　国家税务总局　关于完善固定资产加速折旧企业所得税政策的通知》(财税〔2014〕75号)、《财政部　国家税务总局　关于进一步完善固定资产加速折旧企业所得税政策的通知》(财税〔2015〕106号)等相关规定执行。

(五)支持制造业企业加快技术改造和设备更新

(1)财政部和税务总局2019年4月23日发布公告规定,自2019年1月1日起,适用《财

政部　国家税务总局　关于完善固定资产加速折旧企业所得税政策的通知》(财税〔2014〕75号)和《财政部　国家税务总局　关于进一步完善固定资产加速折旧企业所得税政策的通知》(财税〔2015〕106号)规定固定资产加速折旧优惠的行业范围,扩大至全部制造业领域。

(2)制造业按照国家统计局《国民经济行业分类》(GB/T 4754—2017)确定。今后国家有关部门更新国民经济行业分类和代码,从其规定。

(3)制造业企业未享受固定资产加速折旧优惠的,可自公告发布后在月(季)度预缴申报时享受优惠,或在2019年度汇算清缴时享受优惠。

八、减计收入优惠

企业综合利用资源,生产符合国家产业政策规定的产品所取得的收入,可以在计算应纳税所得额时减计收入。

综合利用资源,是指企业以《资源综合利用企业所得税优惠目录》规定的资源作为主要原材料,生产国家非限制和禁止,并符合国家和行业相关标准的产品取得的收入,减按90%计入收入总额。

上述所称原材料占生产产品材料的比例不得低于《资源综合利用企业所得税优惠目录》规定的标准。

九、税额抵免优惠

税额抵免,是指企业购置并实际使用《环境保护专用设备企业所得税优惠目录(2017年版)》、《节能节水专用设备企业所得税优惠目录(2017年版)》和《安全生产专用设备企业所得税优惠目录》规定的环境保护、节能节水、安全生产等专用设备的,该专用设备的投资额的10%可以从企业当年的应纳税额中抵免;当年不足抵免的,可以在以后5个纳税年度结转抵免。

享受上面规定的企业所得税优惠的企业,应当实际购置并自身实际投入使用上面规定的专用设备;企业购置上述专用设备在5年内转让、出租的,应当停止享受企业所得税优惠,并补缴已经抵免的企业所得税税款。转让的受让方可以按照该专用设备投资额的10%抵免当年企业所得税应纳税额;当年应纳税额不足抵免的,可以在以后5个纳税年度结转抵免。

企业所得税优惠目录,由国务院财政、税务主管部门会同国务院有关部门制定,报国务院批准后公布施行。

企业同时从事适用不同企业所得税待遇的项目的,其优惠项目应当单独计算所得,并合理分摊企业的期间费用;没有单独计算的,不得享受企业所得税优惠。

自2009年1月1日起,增值税一般纳税人购进固定资产发生的进项税额可从其销项税额中抵扣。如增值税进项税额允许抵扣,其专用设备投资额不再包括增值税进项税额;如增值税进项税额不允许抵扣,其专用设备投资额应为增值税专用发票上注明的价税合计金额。企业购买专用设备取得普通发票的,其专用设备投资额为普通发票上注明的金额。

十、民族自治地方的优惠

民族自治地方的自治机关对本民族自治地方的企业应缴纳的企业所得税中属于地方分享的部分,可以决定减征或者免征。自治州、自治县决定减征或者免征的,须报省、自治区、直辖市人民政府批准。

《企业所得税法》所称民族自治地方,是指依照《中华人民共和国民族区域自治法》的规定，实行民族区域自治的自治区、自治州、自治县。

对民族自治地方内国家限制和禁止行业的企业，不得减征或者免征企业所得税。

民族自治地方在新税法实施前已经按照《财政部 国家税务总局 海关总署 关于西部大开发税收优惠政策问题的通知》（财税〔2001〕202 号）第二条第二款有关减免税规定批准享受减免企业所得税（包括减免中央分享企业所得税的部分）的，自 2008 年 1 月 1 日起计算，对减免税期限在 5 年以内（含 5 年）的，继续执行至期满后停止；对减免税期限超过 5 年的，从第 6 年起按《税法》第二十九条规定执行。

十一、非居民企业优惠

非居民企业减按 10% 的税率征收企业所得税。这里的非居民企业，是指在中国境内未设立机构、场所的，或者虽设立机构、场所但取得的所得与其所设机构、场所没有实际联系的企业。该类非居民企业取得下列所得免征企业所得税：

（1）外国政府向中国政府提供贷款取得的利息所得。

（2）国际金融组织向中国政府和居民企业提供优惠贷款取得的利息所得。

（3）经国务院批准的其他所得。

第四节 应纳税额的计算

一、居民企业应纳税额的计算

居民企业应缴纳所得税额等于应纳税所得额乘以适用税率，基本计算公式为：

应纳税额 = 应纳税所得额 × 适用税率 − 减免税额 − 抵免税额

根据计算公式可以看出，应纳税额的多少，取决于应纳税所得额和适用税率两个因素。在实际过程中，应纳税所得额的计算一般有两种方法：

（一）直接计算法

在直接计算法下，企业每一纳税年度的收入总额减除不征税收入、免税收入、各项扣除以及允许弥补的以前年度亏损后的余额为应纳税所得额。计算公式与前述相同，即为：

应纳税所得额 = 收入总额 − 不征税收入 − 免税收入 −
各项扣除金额 − 允许弥补的以前年度亏损

【例 1 −2 −1】某企业为增值税一般纳税人，2020 年取得不含税销售收入 6 000 万元，会计利润为 1 590 万元。当年发生部分业务如下：①计入成本、费用中的实发工资总额 1 000 万元，发生职工福利费 150 万元；②销售费用含当年发生的广告支出 1 050 万元；③管理费用中含当年发生的业务招待费 25 万元；④支付税收滞纳金 2 万元。

要求：

（1）计算职工福利费税前可扣除金额。

（2）计算广告费和业务宣传费税前可扣除金额。

（3）计算业务招待费税前可扣除金额。

（4）计算该企业应缴纳的企业所得税税额。

计算：

（1）职工福利费扣除限额 = 1 000 × 14% = 140（万元）

税前扣除140万元，调增10万元。

(2)广告费扣除限额=6 000×15% =900(万元)，广告费税前扣除900万元，调增所得额=1 050－900=150(万元)

(3)业务招待费扣除限额=6 000×5‰=30(万元)>15(万元)(25×60%)

税前可扣除15万元，调增所得额=25－15=10(万元)

(4)企业所得税=(1 590+10+150+10+2)×25% =440.5(万元)

(二)间接计算法

在间接计算法下，是在会计利润总额的基础上加或减按照税法规定调整的项目金额后，即为应纳税所得额。计算公式为：

应纳税所得额=会计利润总额±纳税调整项目金额

纳税调整项目金额包括两方面的内容：一是税收规定范围与会计规定不一致的应予以调整的金额；二是税法规定扣除标准与会计规定不一致的应予以调整的金额。

二、居民企业核定征收应纳税额的计算

为了加强企业所得税征收管理，规范核定征收企业所得税工作，保障国家税款及时足额入库，维护纳税人合法权益，根据《中华人民共和国企业所得税法》及其实施条例、《中华人民共和国税收征收管理法》及其实施细则的有关规定，核定征收企业所得税的有关规定如下：

(一)核定征收企业所得税的范围

核定征收办法适用于居民企业纳税人，纳税人具有下列情形之一的，核定征收企业所得税：

(1)依照法律、行政法规的规定可以不设置账簿的。

(2)依照法律、行政法规的规定应当设置但未设置账簿的。

(3)擅自销毁账簿或者拒不提供纳税资料的。

(4)虽设置账簿，但账目混乱或者成本资料、收入凭证、费用凭证残缺不全，难以查账的。

(5)发生纳税义务，未按照规定的期限办理纳税申报，经税务机关责令限期申报，逾期仍不申报的。

(6)申报的计税依据明显偏低，又无正当理由的。

特殊行业、特殊类型的纳税人和一定规模以上的纳税人不适用核定征收办法。上述特定纳税人由国家税务总局另行明确。

根据国家税务总局公告2012年第27号规定，自2012年1月1日起，专门从事股权(股票)投资业务的企业，不得核定征收企业所得税。

对依法按核定应税所得率方式核定征收企业所得税的企业，取得的转让股权(股票)收入等转让财产收入，应全额计入应税收入额，按照主营项目(业务)确定适用的应税所得率计算征税；若主营项目(业务)发生变化，应在当年汇算清缴时，按照变化后的主营项目(业务)重新确定适用的应税所得率计算征税。

(二)核定征收的办法

税务机关应根据纳税人具体情况，对核定征收企业所得税的纳税人，核定应税所得率或者核定应纳所得税额。

(1)具有下列情形之一的,核定其应税所得率:

①能正确核算(查实)收入总额,但不能正确核算(查实)成本费用总额的。

②能正确核算(查实)成本费用总额,但不能正确核算(查实)收入总额的。

③通过合理方法,能计算和推定纳税人收入总额或成本费用总额的。

纳税人不属于以上情形的,核定其应纳所得税额。

(2)税务机关采用下列方法核定征收企业所得税:

①参照当地同类行业或者类似行业中经营规模和收入水平相近的纳税人的税负水平核定。

②按照应税收入额或成本费用支出额定率核定。

③按照耗用的原材料、燃料、动力等推算或测算核定。

④按照其他合理方法核定。

采用前款所列一种方法不足以正确核定应纳税所得额或应纳税额的,可以同时采用两种以上的方法核定。采用两种以上方法测算的应纳税额不一致时,可按测算的应纳税额从高核定。

采用应税所得率方式核定征收企业所得税的,应纳所得税额计算公式如下:

应纳所得税额 = 应纳税所得额 × 适用税率

应纳税所得额 = 应税收入额 × 应税所得率

或:

应纳税所得额 = 成本(费用)支出额 ÷ (1 − 应税所得率) × 应税所得率

实行应税所得率方式核定征收企业所得税的纳税人,经营多业的,无论其经营项目是否单独核算,均由税务机关根据其主营项目确定适用的应税所得率。

主营项目应为纳税人所有经营项目中,收入总额或者成本(费用)支出额或者耗用原材料、燃料、动力数量所占比重最大的项目。

纳税人的生产经营范围、主营业务发生重大变化,或者应纳税所得额或应纳税额增减变化达到 20% 的,应及时向税务机关申报调整已确定的应纳税额或应税所得率。

(三)核定征收企业所得税的管理

(1)主管税务机关应及时向纳税人送达《企业所得税核定征收鉴定表》,及时完成对其核定征收企业所得税的鉴定工作。

纳税人应在收到《企业所得税核定征收鉴定表》后 10 个工作日内,填好该表并报送主管税务机关。《企业所得税核定征收鉴定表》一式三联,主管税务机关和县税务机关各执一联,另一联送达纳税人。执行主管税务机关还可根据实际工作需要,适当增加联次备用。

纳税人收到《企业所得税核定征收鉴定表》后,未在规定期限内填列、报送的,税务机关视同纳税人已经报送,按上述程序进行复核认定。

(2)纳税人实行核定应税所得率方式的,按下列规定申报纳税:

①主管税务机关根据纳税人应纳税额的大小确定纳税人按月或者按季预缴,年终汇算清缴。预缴方法一经确定,一个纳税年度内不得改变。

②纳税人应依照确定的应税所得率计算纳税期间实际应缴纳的税额,进行预缴。按实际数额预缴有困难的,经主管税务机关同意,可按上一年度应纳税额的 1/12 或 1/4 预缴,或者按经主管税务机关认可的其他方法预缴。

③纳税人预缴税款或年终进行汇算清缴时，应按规定填写《中华人民共和国企业所得税月(季)度预缴纳税申报表(B类)》，在规定的纳税申报时限内报送主管税务机关。

(3)纳税人实行核定应纳所得税额方式的，按下列规定申报纳税：

①纳税人在应纳所得税额尚未确定之前，可暂按上年度应纳所得税额的1/12或1/4预缴，或者按经主管税务机关认可的其他方法，按月或按季分期预缴。

②在应纳所得税额确定以后，减除当年已预缴的所得税额，余额按剩余月份或季度均分，以此确定以后各月或各季的应纳税额，由纳税人按月或按季填写《中华人民共和国企业所得税月(季)度预缴纳税申报表(B类)》，在规定的纳税申报期限内进行纳税申报。

③纳税人年度终了后，在规定的时限内按照实际经营额或实际应纳税额向税务机关申报纳税。申报额超过核定经营额或应纳税额的，按申报额缴纳税款；申报额低于核定经营额或应纳税额的，按核定经营额或应纳税额缴纳税款。

④对违反核定征收规定的行为，按照《中华人民共和国税收征收管理法》及其实施细则的有关规定处理。

三、非居民企业应纳税额的计算

对于在中国境内未设立机构、场所的，或者虽设立机构、场所但取得的所得与其所设机构、场所没有实际联系的非居民企业的所得，按照下列方法计算应纳税所得额：

(1)股息、红利等权益性投资收益和利息、租金、特许权使用费所得，以收入全额为应纳税所得额。

营业税改征增值税试点中的非居民企业，应以不含增值税的收入全额作为应纳税所得额。

(2)转让财产所得，以收入全额减除财产净值后的余额为应纳税所得额。

财产净值是指财产的计税基础减除已经按照规定扣除的折旧、折耗、摊销、准备金等后的余额。

《企业所得税法》第十九条第二项规定的转让财产所得包含转让股权等权益性投资资产(以下称股权)所得。股权转让收入减除股权净值后的余额为股权转让所得应纳税所得额。

股权转让收入是指股权转让人转让股权所收取的对价，包括货币形式和非货币形式的各种收入。

股权净值是指取得该股权的计税基础。股权的计税基础是股权转让人投资入股时向中国居民企业实际支付的出资成本，或购买该项股权时向该股权的原转让人实际支付的股权受让成本。股权在持有期间发生减值或者增值，按照国务院财政、税务主管部门规定可以确认损益的，股权净值应进行相应调整。企业在计算股权转让所得时，不得扣除被投资企业未分配利润等股东留存收益中按该项股权所可能分配的金额。

多次投资或收购的同项股权被部分转让的，从该项股权全部成本中按照转让比例计算确定被转让股权对应的成本。

(3)其他所得，参照前两项规定的方法计算应纳税所得额。

(4)扣缴企业所得税应纳税额计算。

$$扣缴企业所得税应纳税额 = 应纳税所得额 \times 实际征收率$$

①扣缴义务人扣缴企业所得税的，应当按照扣缴义务发生之日人民币汇率中间价折合成人民币，计算非居民企业应纳税所得额。扣缴义务发生之日为相关款项实际支付或者到

期应支付之日。

②取得收入的非居民企业在主管税务机关责令限期缴纳税款前自行申报缴纳应源泉扣缴税款的,应当按照填开税收缴款书之日前一日人民币汇率中间价折合成人民币,计算非居民企业应纳税所得额。

③主管税务机关责令取得收入的非居民企业限期缴纳应源泉扣缴税款的,应当按照主管税务机关作出限期缴税决定之日前一日人民币汇率中间价折合成人民币,计算非居民企业应纳税所得额。

四、非居民企业所得税核定征收办法

非居民企业因会计账簿不健全,资料残缺难以查账,或者其他原因不能准确计算并据实申报其应纳税所得额的,税务机关有权采取以下方法核定其应纳税所得额:

(1)按收入总额核定应纳税所得额:适用于能够正确核算收入或通过合理方法推定收入总额,但不能正确核算成本费用的非居民企业。计算公式如下:

应纳税所得额=收入总额×经税务机关核定的利润率

(2)按成本费用核定应纳税所得额:适用于能够正确核算成本费用,但不能正确核算收入总额的非居民企业。计算公式如下:

应纳税所得额=成本费用总额÷(1-经税务机关核定的利润率)×经税务机关核定的利润率

(3)按经费支出换算收入核定应纳税所得额:适用于能够正确核算经费支出总额,但不能正确核算收入总额和成本费用的非居民企业。计算公式如下:

应纳税所得额=经费支出总额÷(1-经税务机关核定的利润率)×经税务机关核定的利润率

(4)税务机关可按照以下标准确定非居民企业的利润率:

①从事承包工程作业、设计和咨询劳务的,利润率为15%~30%。

②从事管理服务的,利润率为30%~50%。

③从事其他劳务或劳务以外经营活动的,利润率不低于15%。

税务机关有根据认为非居民企业的实际利润率明显高于上述标准的,可以按照比上述标准更高的利润率核定其应纳税所得额。

(5)非居民企业与中国居民企业签订机器设备或货物销售合同,同时提供设备安装、装配、技术培训、指导、监督服务等劳务,其销售货物合同中未列明提供上述劳务服务收费金额,或者计价不合理的,主管税务机关可以根据实际情况,参照相同或相近业务的计价标准核定劳务收入。无参照标准的,以不低于销售货物合同总价款的10%为原则,确定非居民企业的劳务收入。

第五节 征收管理

一、纳税地点

(1)除税收法律、行政法规另有规定外,居民企业以企业登记注册地为纳税地点;但登记注册地在境外的,以实际管理机构所在地为纳税地点。企业注册登记地是指企业依照国家

有关规定登记注册的住所地。

(2)居民企业在中国境内设立不具有法人资格的营业机构的,应当汇总计算并缴纳企业所得税。企业汇总计算并缴纳企业所得税时,应当统一核算应纳税所得额,具体办法由国务院财政、税务主管部门另行制定。

(3)非居民企业在中国境内设立机构、场所的,应当就其所设机构、场所取得的来源于中国境内的所得,以及发生在中国境外但与其所设机构、场所有实际联系的所得,以机构、场所所在地为纳税地点。非居民企业在中国境内设立两个或者两个以上机构、场所的,经税务机关审核批准,可以选择由其主要机构、场所汇总缴纳企业所得税。非居民企业经批准汇总缴纳企业所得税后,需要增设、合并、迁移、关闭机构、场所或者停止机构、场所业务的,应当事先由负责汇总申报缴纳企业所得税的主要机构、场所向其所在地税务机关报告;需要变更汇总缴纳企业所得税的主要机构、场所的,依照前款规定办理。

(4)非居民企业在中国境内未设立机构、场所的,或者虽设立机构、场所但取得的所得与其所设机构、场所没有实际联系的所得,以扣缴义务人所在地为纳税地点。

(5)除国务院另有规定外,企业之间不得合并缴纳企业所得税。

二、纳税期限

企业所得税按年计征,分月或者分季预缴,年终汇算清缴,多退少补。

企业所得税的纳税年度,自公历1月1日起至12月31日止。企业在一个纳税年度的中间开业,或者由于合并、关闭等原因终止经营活动,使该纳税年度的实际经营期不足12个月的,应当以其实际经营期为1个纳税年度。企业清算时,应当以清算期间作为1个纳税年度。

自年度终了之日起5个月内,向税务机关报送年度企业所得税纳税申报表,并汇算清缴,结清应缴应退税款。

企业在年度中间终止经营活动的,应当自实际经营终止之日起60日内,向税务机关办理当期企业所得税汇算清缴。

三、纳税申报

按月或按季预缴的,应当自月份或者季度终了之日起15日内,向税务机关报送预缴企业所得税纳税申报表,预缴税款。

企业在报送企业所得税纳税申报表时,应当按照规定附送财务会计报告和其他有关资料。

企业应当在办理注销登记前,就其清算所得向税务机关申报并依法缴纳企业所得税。依照企业所得税法缴纳的企业所得税,以人民币计算。所得以人民币以外的货币计算的,应当折合成人民币计算并缴纳税款。

企业在纳税年度内无论盈利或者亏损,都应当依照《企业所得税法》第五十四条规定的期限,向税务机关报送预缴企业所得税纳税申报表、年度企业所得税纳税申报表、财务会计报告和税务机关规定应当报送的其他有关资料。

四、源泉扣缴

(一)扣缴义务人

(1)对非居民企业在中国境内未设立机构、场所的,或者虽设立机构、场所但取得的所得与其所设机构、场所没有实际联系的所得应缴纳的所得税,实行源泉扣缴,以支付人为扣缴义务人。税款由扣缴义务人在每次支付或者到期应支付时,从支付或者到期应支付的款项中扣缴。

上述所称支付人,是指依照有关法律规定或者合同约定对非居民企业直接负有支付相关款项义务的单位或者个人。

上述所称支付,包括现金支付、汇拨支付、转账支付和权益兑价支付等货币支付和非货币支付。

上述所称到期应支付的款项,是指支付人按照权责发生制原则应当计入相关成本、费用的应付款项。

(2)对非居民企业在中国境内取得工程作业和劳务所得应缴纳的所得税,税务机关可以指定工程价款或者劳务费的支付人为扣缴义务人。

(二)扣缴方法

(1)扣缴义务人扣缴税款时,按非居民企业计算方法计算税款。

(2)应当扣缴的所得税,扣缴义务人未依法扣缴或者无法履行扣缴义务的,由企业在所得发生地缴纳。企业未依法缴纳的,税务机关可以从该企业在中国境内其他收入项目的支付人应付的款项中,追缴该企业的应纳税款。

上述所称所得发生地,是指依照《实施条例》第七条规定的原则确定的所得发生地。在中国境内存在多处所得发生地的,由企业选择其中之一申报缴纳企业所得税。

上述所称该企业在中国境内其他收入,是指该企业在中国境内取得的其他各种来源的收入。

(3)税务机关在追缴该企业应纳税款时,应当将追缴理由、追缴数额、缴纳期限和缴纳方式等告知该企业。

(4)扣缴义务人每次代扣的税款,应当自代扣之日起 7 日内缴入国库,并向所在地的税务机关报送扣缴企业所得税报告表。

五、跨地区经营汇总纳税企业所得税征收管理

(一)基本原则和适用范围

(1)基本原则。属于中央与地方共享范围的跨省市总分机构企业缴纳的企业所得税,按照统一规范、兼顾总机构和分支机构所在地利益的原则,实行"统一计算、分级管理、就地预缴、汇总清算、财政调库"的处理办法,总分机构统一计算的当期应纳税额的地方分享部分中,25% 由总机构所在地分享,50% 由各分支机构所在地分享,25% 按一定比例在各地间进行分配。

统一计算,是指居民企业应统一计算包括各个不具有法人资格营业机构在内的企业全部应纳税所得额、应纳税额。总机构和分支机构适用税率不一致的,应分别按适用税率计算应纳所得税额。

分级管理,是指居民企业总机构、分支机构,分别由所在地主管税务机关属地进行监督和管理。

就地预缴,是指居民企业总机构、分支机构,应按规定的比例分别就地按月或者按季向所在地主管税务机关申报、预缴企业所得税。

汇总清算,是指在年度终了后,总分机构企业根据统一计算的年度应纳税所得额、应纳

所得税额,抵减总机构、分支机构当年已就地分期预缴的企业所得税款后,多退少补。

财政调库,是指财政部定期将缴入中央总金库的跨省市总分机构企业所得税待分配收入,按照核定的系数调整至地方国库。

(2)适用范围。跨省市总分机构企业是指跨省(自治区、直辖市和计划单列市,下同)设立不具有法人资格分支机构的居民企业。

总机构和具有主体生产经营职能的二级分支机构就地预缴企业所得税。

按照现行财政体制的规定,国有邮政企业(包括中国邮政集团公司及其控股公司和直属单位)、中国工商银行股份有限公司、中国农业银行股份有限公司、中国银行股份有限公司、国家开发银行股份有限公司、中国农业发展银行、中国进出口银行、中国投资有限责任公司、中国建设银行股份有限公司、中国建银投资有限责任公司、中国信达资产管理股份有限公司、中国石油天然气股份有限公司、中国石油化工股份有限公司、海洋石油天然气企业(包括中国海洋石油总公司、中海石油(中国)有限公司、中海油田服务股份有限公司、海洋石油工程股份有限公司)、中国长江电力股份有限公司等企业总分机构缴纳的企业所得税(包括滞纳金、罚款收入)为中央收入,全额上缴中央国库。

(二)税款预缴

由总机构统一计算企业应纳税所得额和应纳所得税额,并分别由总机构、分支机构按月或按季就地预缴。

(1)分支机构分摊预缴税款。总机构在每月或每季终了之日起 10 日内,按照上年度各省市分支机构的营业收入、职工薪酬和资产总额三个因素,将统一计算的企业当期应纳税额的 50% 在各分支机构之间进行分摊(总机构所在省市同时设有分支机构的,同样按三个因素分摊),各分支机构根据分摊税款就地办理缴库,所缴纳税款收入由中央与分支机构所在地按 60:40 分享。分摊时三个因素权重依次为 0.35、0.35 和 0.3。当年新设立的分支机构第 2 年起参与分摊;当年撤销的分支机构自办理注销税务登记之日起不参与分摊。

分支机构营业收入,是指分支机构销售商品、提供劳务、让渡资产使用权等日常经营活动实现的全部收入。其中,生产经营企业分支机构营业收入是指生产经营企业分支机构销售商品、提供劳务、让渡资产使用权等取得的全部收入;金融企业分支机构营业收入是指金融企业分支机构取得的利息、手续费、佣金等全部收入;保险企业分支机构营业收入是指保险企业分支机构取得的保费等全部收入。

分支机构职工薪酬,是指分支机构为获得职工提供的服务而给予职工的各种形式的报酬以及其他相关支出。

分支机构资产总额,是指分支机构在 12 月 31 日拥有或者控制的资产合计额。

各分支机构分摊预缴额按下列公式计算:

某分支机构分摊税款 = 所有分支机构分摊税款总额 × 该分支机构分摊比例

其中:

所有分支机构分摊税款总额 = 汇总纳税企业当期应纳所得税额 ×50%

该分支机构分摊比例 =(该分支机构营业收入/各分支机构营业收入之和)×0.35 +(该分支机构职工薪酬/各分支机构职工薪酬之和)×0.35 +(该分支机构资产总额/各分支机构资产总额之和)×0.30

以上公式中分支机构仅指需要参与就地预缴的分支机构。

(2)总机构就地预缴税款。总机构应将统一计算的企业当期应纳税额的25%,就地办理缴库,所缴纳税款收入由中央与总机构所在地按60∶40分享。

(3)总机构预缴中央国库税款。总机构应将统一计算的企业当期应纳税额的剩余25%,就地全额缴入中央国库,所缴纳税款收入60%为中央收入,40%由财政部按照2004--2006年各省市三年实际分享企业所得税占地方分享总额的比例定期向各省市分配。

(三)汇总清算

企业总机构汇总计算企业年度应纳所得税额,扣除总机构和各境内分支机构已预缴的税款,计算出应补应退税款,分别由总机构和各分支机构(不包括当年已办理注销税务登记的分支机构)就地办理税款缴库或退库。

补缴的税款按照预缴的分配比例,50%由各分支机构就地办理缴库,所缴纳税款收入由中央与分支机构所在地按60∶40分享;25%由总机构就地办理缴库,所缴纳税款收入由中央与总机构所在地按60∶40分享;其余25%部分就地全额缴入中央国库,所缴纳税款收入中60%为中央收入,40%由财政部按照2004—2006年各省市三年实际分享企业所得税占地方分享总额的比例定期向各省市分配。

多缴的税款按照预缴的分配比例,50%由各分支机构就地办理退库,所退税款由中央与分支机构所在地按60∶40分担;25%由总机构就地办理退库,所退税款由中央与总机构所在地按60∶40分担;其余25%部分就地从中央国库退库,其中60%从中央级1010442项“总机构汇算清缴所得税”下有关科目退付,40%从中央级1010443项“企业所得税待分配收入”下有关科目退付。

小　结

企业所得税是我国的主体税种之一。本章主要介绍了企业所得税的征税范围、纳税人、税率、应纳税额的计算及申报缴纳管理等内容,使学生对我国现行企业所得税制度形成完整而正确的理解,具备正确计算企业应纳税所得额和应纳税额的能力。

思考与巩固

1. 企业所得税所得来源地如何来确定?
2. 企业所得税基本税率及低税率的适用范围是什么?
3. 扣除项目、不得扣除项目、亏损弥补的税法规定是什么?
4. 企业所得税减免税收优惠政策有哪些?

第三章　消费税概述

消费税法是指国家制定的用以调整消费税征收与缴纳相关权利及义务关系的法律规范。现行消费税法的基本规范，是2008年11月5日经国务院第34次常务会议修订通过并颁布，自2009年1月1日起施行的《中华人民共和国消费税暂行条例》（以下简称《消费税暂行条例》），以及2008年12月15日财政部、国家税务总局第51号令颁布的《中华人民共和国消费税暂行条例实施细则》（以下简称《消费税暂行条例实施细则》）。

消费税是指对消费品和特定的消费行为按流转额征收的一种商品税。广义上，消费税应对所有消费品包括生活必需品和日用品普遍课税；但从征收实践上看，消费税主要指对特定消费品或特定消费行为等课税。消费税主要以消费品为课税对象，属于间接税，税收随价格转嫁给消费者负担，消费者是税款的实际负担者。消费税的征收具有较强的选择性，是国家贯彻消费政策、引导消费结构，从而引导产业结构调整的重要手段，因而在保证国家财政收入、体现国家经济政策等方面具有十分重要的意义。

我国现行消费税的特点：①征收范围具有选择性，我国消费税在征收范围上根据产业政策与消费政策仅选择部分消费品征税，而不是对所有消费品都征收消费税；②一般情况下，征税环节具有单一性，主要在生产销售和进口环节上征收；③平均税率水平比较高且税负差异大；④计税方法具有灵活性，既对消费品采用单位税额，以消费品的数量实行从量定额的计税方法，也对消费品制定比例税率，以消费品的价格实行从价定率的计税方法。

第一节　纳税义务人与税目、税率

一、纳税义务人

在中华人民共和国境内生产、委托加工和进口《消费税暂行条例》规定的消费品的单位和个人，以及国务院确定的销售《消费税暂行条例》规定的消费品的其他单位和个人，为消费税的纳税人，应当依照《消费税暂行条例》缴纳消费税。

单位，是指企业、行政单位、事业单位、军事单位、社会团体及其他单位。

个人，是指个体工商户及其他个人。

在中华人民共和国境内，是指生产、委托加工和进口属于应当缴纳消费税的消费品的起运地或者所在地在境内。

二、税目

消费税的征收范围比较狭窄，同时也会根据经济发展、环境保护等国家大政方针进行修订，依据《消费税暂行条例》及相关法规规定，目前消费税税目包括烟、酒、化妆品等15种商品，部分税目还进一步划分了若干子目。

（一）烟

凡是以烟叶为原料加工生产的产品，不论使用何种辅料，均属于本税目的征收范围。包括卷烟(进口卷烟、白包卷烟、手工卷烟和未经国务院批准纳入计划的企业及个人生产的卷烟)、雪茄烟和烟丝。

在"烟"税目下分"卷烟"等子目,"卷烟"又分"甲类卷烟"和"乙类卷烟"。其中,甲类卷烟是指每标准条(200 支,下同)调拨价格在 70 元(不含增值税)以上(含 70 元)的卷烟;乙类卷烟是指每标准条调拨价格在 70 元(不含增值税)以下的卷烟。

(二)酒

酒是酒精度在 1 度以上的各种酒类饮料,包括白酒、黄酒、啤酒和其他酒。

啤酒每吨出厂价(含包装物及包装物押金)在 3 000 元(含 3 000 元,不含增值税)以上的是甲类啤酒,每吨出厂价(含包装物及包装物押金)在 3 000 元(不含增值税)以下的是乙类啤酒。包装物押金不包括重复使用的塑料周转箱的押金。对饮食业、商业、娱乐业举办的啤酒屋(啤酒坊)利用啤酒生产设备生产的啤酒,应当征收消费税。果啤属于啤酒,按啤酒征收消费税。

配制酒(露酒)是指以发酵酒、蒸馏酒或食用酒精为酒基,加入可食用或药食两用的辅料或食品添加剂,进行调配、混合或再加工制成的并改变了其原酒基风格的饮料酒。具体规定如下:

(1)以蒸馏酒或食用酒精为酒基,具有国家相关部门批准的国食健字或卫食健字文号并且酒精度低于 38 度(含)的配制酒,按消费税税目税率表"其他酒"10% 适用税率征收消费税。

(2)以发酵酒为酒基,酒精度低于 20 度(含)的配制酒,按消费税税目税率表"其他酒"10% 适用税率征收消费税。

(3)其他配制酒,按消费税税目税率表"白酒"适用税率征收消费税。

葡萄酒消费税适用"酒"税目下设的"其他酒"子目。葡萄酒是指以葡萄为原料,经破碎(压榨)、发酵而成的酒精度在 1 度(含)以上的葡萄原酒和成品酒(不含以葡萄为原料的蒸馏酒)。

(三)高档化妆品

自 2016 年 10 月 1 日起,本税目调整为包括高档美容、修饰类化妆品、高档护肤类化妆品和成套化妆品。

高档美容、修饰类化妆品和高档护肤类化妆品是指生产(进口)环节销售(完税)价格(不含增值税)在 10 元/毫升(克)或 15 元/片(张)及以上的美容、修饰类化妆品和护肤类化妆品。

美容、修饰类化妆品是指香水、香水精、香粉、口红、指甲油、胭脂、眉笔、唇笔、蓝眼油、眼睫毛以及成套化妆品。

舞台、戏剧、影视演员化妆用的上妆油、卸妆油、油彩,不属于本税目的征收范围。

高档护肤类化妆品征收范围另行制定。

(四)贵重首饰及珠宝玉石

本税目包括以金、银、白金、宝石、珍珠、钻石、翡翠、珊瑚、玛瑙等高贵稀有物质以及其他金属、人造宝石等制作的各种纯金银首饰及镶嵌首饰和经采掘、打磨、加工的各种珠宝玉石。对出国人员免税商店销售的金银首饰征收消费税。

(五)鞭炮、焰火

本税目包括各种鞭炮、焰火。体育上用的发令纸、鞭炮药引线,不按本税目征收。

(六)成品油

本税目包括汽油、柴油、石脑油、溶剂油、航空煤油、润滑油、燃料油7个子目;航空煤油暂缓征收。

1. 汽油

汽油是指用原油或其他原料加工生产的辛烷值不小于66的可用作汽油发动机燃料的各种轻质油。取消车用含铅汽油消费税,汽油税目不再划分二级子目,统一按照无铅汽油税率征收消费税。

以汽油、汽油组分调和生产的甲醇汽油、乙醇汽油也属于本税目征收范围。

2. 柴油

柴油是指用原油或其他原料加工生产的倾点或凝点在 -50 ℃至30 ℃的可用作柴油发动机燃料的各种轻质油和以柴油组分为主、经调和精制可用作柴油发动机燃料的非标油。

以柴油、柴油组分调和生产的生物柴油也属于本税目征收范围。

3. 石脑油

石脑油又称化工轻油,是以原油或其他原料加工生产的用于化工原料的轻质油。

石脑油的征收范围包括除汽油、柴油、航空煤油、溶剂油以外的各种轻质油。非标汽油、重整生成油、拔头油、戊烷原料油、轻裂解料(减压柴油VGO和常压柴油AGO)、重裂解料、加氢裂化尾油、芳烃抽余油均属轻质油,属于石脑油征收范围。

4. 溶剂油

溶剂油是用原油或其他原料加工生产的用于涂料、油漆、食用油、印刷油墨、皮革、农药、橡胶、化妆品生产和机械清洗、胶粘行业的轻质油。

橡胶填充油、溶剂油原料,属于溶剂油征收范围。

5. 航空煤油

航空煤油又称喷气燃料,是用原油或其他原料加工生产的用作喷气发动机和喷气推进系统燃料的各种轻质油。航空煤油的消费税暂缓征收。

6. 润滑油

润滑油是用原油或其他原料加工生产的用于内燃机、机械加工过程的润滑产品。润滑油分为矿物性润滑油、植物性润滑油、动物性润滑油和化工原料合成润滑油。

润滑油的征收范围包括矿物性润滑油、矿物性润滑油基础油、植物性润滑油、动物性润滑油和化工原料合成润滑油。以植物性、动物性和矿物性基础油(或矿物性润滑油)混合掺配而成的"混合性"润滑油,不论矿物性基础油(或矿物性润滑油)所占比例高低,均属润滑油的征收范围。

另外,用原油或其他原料加工生产的用于内燃机、机械加工过程的润滑产品均属于润滑油征税范围。润滑脂是润滑产品,生产、加工润滑脂应当征收消费税。变压器油、导热类油等绝缘油类产品不属于润滑油,不征收消费税。

7. 燃料油

燃料油也称重油、渣油，是用原油或其他原料加工生产，主要用作电厂发电、锅炉用燃料、加热炉燃料、冶金和其他工业炉燃料。蜡油、船用重油、常压重油、减压重油、180CTS 燃料油、7 号燃料油、糠醛油、工业燃料、4～6 号燃料油等油品的主要用途是作为燃料燃烧，属于燃料油征收范围。

根据财税〔2013〕105 号文，纳税人利用废矿物油为原料生产的润滑油基础油、汽油、柴油等工业油料免征消费税。但应同时符合下列条件：

(1)纳税人必须取得省级以上(含省级)环境保护部门颁发的《危险废物(综合)经营许可证》，且该证件上核准生产经营范围应包括“利用”或“综合经营”字样。

(2)生产原料中废矿物油重量必须占到 90% 以上。产成品中必须包括润滑油基础油，且每吨废矿物油生产的润滑油基础油应不少于 0.65 吨。

(3)利用废矿物油生产的产品与利用其他原料生产的产品应分别核算。

财税〔2018〕144 号将该政策实施期限延长至 2023 年 10 月 31 日。

(七)小汽车

小汽车是指由动力驱动，具有 4 个或 4 个以上车轮的非轨道承载的车辆。

本税目征收范围包括：

(1)乘用车：含驾驶员座位在内最多不超过 9 个座位(含)的，在设计和技术特性上用于载运乘客和货物的各类乘用车。

(2)中轻型商用客车：含驾驶员座位在内的座位数在 10～23 座(含 23 座)的，在设计和技术特性上用于载运乘客和货物的各类中轻型商用客车。

(3)超豪华小汽车：每辆零售价格 130 万元(不含增值税)及以上的乘用车和中轻型商用客车。

用排气量小于 1.5 升(含)的乘用车底盘(车架)改装、改制的车辆属于乘用车征收范围。用排气量大于 1.5 升的乘用车底盘(车架)或用中轻型商用客车底盘(车架)改装、改制的车辆属于中轻型商用客车征收范围。

含驾驶员人数(额定载客)为区间值的(如 8～10 人、17～26 人)小汽车，按其区间值下限人数确定征收范围。

电动汽车不属于本税目征收范围。车身长度大于 7 米(含)，并且座位在 10～23 座(含)以下的商用客车，不属于中轻型商用客车征税范围，不征收消费税。沙滩车、雪地车、卡丁车、高尔夫车不属于消费税征收范围，不征收消费税。

(八)摩托车

摩托车包括轻便摩托车和摩托车两种。对最大设计车速不超过 50 千米/小时，发动机气缸总工作容量不超过 50 毫升的三轮摩托车不征收消费税。气缸容量 250 毫升(不含)以下的小排量摩托车不征收消费税。

(九)高尔夫球及球具

高尔夫球及球具是指从事高尔夫球运动所需的各种专用装备，包括高尔夫球、高尔夫球杆及高尔夫球包(袋)等。

高尔夫球是指重量不超过45.93克、直径不超过42.67毫米的高尔夫球运动比赛、练习用球;高尔夫球杆是指被设计用来打高尔夫球的工具,由杆头、杆身和握把三部分组成;高尔夫球包(袋)是指专用于盛装高尔夫球及球杆的包(袋)。

本税目征收范围包括高尔夫球、高尔夫球杆、高尔夫球包(袋)。高尔夫球杆的杆头、杆身和握把属于本税目的征收范围。

(十)高档手表

高档手表是指销售价格(不含增值税)每只在10 000元(含)以上的各类手表。

本税目征收范围包括符合以上标准的各类手表。

(十一)游艇

游艇是指长度大于8米小于90米,船体由玻璃钢、钢、铝合金、塑料等多种材料制作,可以在水上移动的水上浮载体。按照动力划分,游艇分为无动力艇、帆艇和机动艇。

本税目征收范围包括艇身长度大于8米(含)小于90米(含),内置发动机,可以在水上移动,一般为私人或团体购置,主要用于水上运动和休闲娱乐等非营利活动的各类机动艇。

(十二)木制一次性筷子

木制一次性筷子,又称卫生筷子,是指以木材为原料,经过锯段、浸泡、旋切、刨切、烘干、筛选、打磨、倒角、包装等环节加工而成的各类供一次性使用的筷子。

本税目征收范围包括各种规格的木制一次性筷子。未经打磨、倒角的木制一次性筷子属于本税目征税范围。

(十三)实木地板

实木地板是指以木材为原料,经锯割、干燥、刨光、截断、开榫、涂漆等工序加工而成的块状或条状的地面装饰材料。实木地板按生产工艺不同,可分为独板(块)实木地板、实木指接地板、实木复合地板三类;按表面处理状态不同,可分为未涂饰地板(白坯板、素板)和漆饰地板两类。

本税目征收范围包括各类规格的实木地板、实木指接地板、实木复合地板及用于装饰墙壁、天棚的侧端面为榫、槽的实木装饰板。未经涂饰的素板也属于本税目征税范围。

(十四)电池

电池,是一种将化学能、光能等直接转换为电能的装置,一般由电极、电解质、容器、极端,通常还有隔离层组成的基本功能单元,以及用一个或多个基本功能单元装配成的电池组。本税目征收范围包括原电池、蓄电池、燃料电池、太阳能电池和其他电池。

自2015年2月1日起对电池(铅蓄电池除外)征收消费税;对无汞原电池、金属氢化物镍蓄电池(又称"氢镍蓄电池"或"镍氢蓄电池")、锂原电池、锂离子蓄电池、太阳能电池、燃料电池、全钒液流电池免征消费税。2015年12月31日前对铅蓄电池缓征消费税;自2016年1月1日起,对铅蓄电池按4%税率征收消费税。

(十五)涂料

涂料是指涂于物体表面能形成具有保护、装饰或特殊性能的固态涂膜的一类液体或固体材料之总称。自2015年2月1日起对涂料征收消费税,施工状态下挥发性有机物(Volatile Organic Compounds,VOC)含量低于420克/升(含)的涂料免征消费税。

三、税率

消费税采用比例税率和定额税率两种形式,以适应不同应税消费品的实际情况。

消费税根据不同的税目或子目确定相应的税率或单位税额。大部分应税消费品适用比例税率,例如,烟丝税率为30%,摩托车税率为3%等;黄酒、啤酒、成品油按单位重量或单位体积确定单位税额;卷烟、白酒采用比例税率和定额税率双重征收形式。各种应收消费品的具体税率见表1-3-1。

表1-3-1 消费税税目税率(税额)表

税目				税率/税额	
一、烟	1. 卷烟	生产环节	甲类卷烟	56%	
				0.003元/支(0.6元/条)(150元/箱)	
			乙类卷烟	36%	
				0.003元/支(0.6元/条)(150元/箱)	
		批发环节		11%	
				0.005元/支(1元/条)(250元/箱)	
	2. 雪茄烟			36%	
	3. 烟丝			30%	
二、酒	1. 白酒			20%	
				0.5元/500克	
	2. 啤酒(含果啤)		甲类啤酒	250元/吨	
			乙类啤酒	220元/吨	
	3. 黄酒			240元/吨	
	4. 其他酒			10%	
三、高档化妆品				15%	
四、贵重首饰及珠宝玉石	零售环节			5%	
	其他环节			10%	
五、鞭炮、焰火				15%	
六、成品油	1. 汽油			1.52元/升	
	2. 柴油			1.2元/升	
	3. 溶剂油			1.52元/升	
	4. 润滑油			1.52元/升	
	5. 石脑油			1.52元/升	
	6. 燃料油			1.2元/升	
	7. 航空煤油			1.2元/升	
七、摩托车				气缸容量在250毫升(含250毫升)以下的	3%
				气缸容量在250毫升以上	10%

续表

<table>
<tr><th colspan="2">税　　目</th><th colspan="2">税率/税额</th></tr>
<tr><td rowspan="9">八、小汽车</td><td rowspan="7">1. 乘用车</td><td>气缸容量(排气量,下同)在1.0升(含)以下的</td><td>1%</td></tr>
<tr><td>气缸容量在1.0升以上至1.5升(含)的</td><td>3%</td></tr>
<tr><td>气缸容量在1.5升以上至2.0升(含)的</td><td>5%</td></tr>
<tr><td>气缸容量在2.0升以上至2.5升(含)的</td><td>9%</td></tr>
<tr><td>气缸容量在2.5升以上至3.0升(含)的</td><td>12%</td></tr>
<tr><td>气缸容量在3.0升以上至4.0升(含)的</td><td>25%</td></tr>
<tr><td>气缸容量在4.0升以上的</td><td>40%</td></tr>
<tr><td>2. 中轻型商用客车</td><td></td><td>5%</td></tr>
<tr><td>3. 超豪华小汽车(零售环节)</td><td>每辆零售价格130万元(不含增值税)及以上的乘用车和中轻型商用客车</td><td>10%</td></tr>
<tr><td colspan="2">九、高尔夫球及球具</td><td colspan="2">10%</td></tr>
<tr><td colspan="2">十、高档手表</td><td colspan="2">20%</td></tr>
<tr><td colspan="2">十一、游艇</td><td colspan="2">10%</td></tr>
<tr><td colspan="2">十二、木制一次性筷子</td><td colspan="2">5%</td></tr>
<tr><td colspan="2">十三、实木地板</td><td colspan="2">5%</td></tr>
<tr><td colspan="2">十四、电池</td><td colspan="2">4%</td></tr>
<tr><td colspan="2">十五、涂料</td><td colspan="2">4%</td></tr>
</table>

第二节　计税依据

按照现行消费税法规定,消费税应纳税额的计算分为从价计征、从量计征和从价从量复合计征三种方法。

一、从价计征

在从价定率计算方法下,应纳税额等于应税消费品的销售额乘以适用税率,应纳税额的多少取决于应税消费品的销售额和适用税率两个因素。

(一)销售额的确定

销售额为纳税人销售应税消费品向购买方收取的全部价款和价外费用。销售,是指有偿转让应税消费品的所有权;有偿,是指从购买方取得货币、货物或者其他经济利益;价外费用,是指价外向购买方收取的手续费、补贴、基金、集资费、返还利润、奖励费、违约金、滞纳金、延期付款利息、赔偿金、代收款项、代垫款项、包装费、包装物租金、储备费、优质费、运输装卸费以及其他各种性质的价外收费。但下列项目不包括在内:

(1)同时符合以下条件的代垫运输费用:

①承运部门的运输费用发票开具给购买方的。

②纳税人将该项发票转交给购买方的。

(2)同时符合以下条件代为收取的政府性基金或者行政事业性收费：

①由国务院或者财政部批准设立的政府性基金，由国务院或者省级人民政府及其财政、价格主管部门批准设立的行政事业性收费。

②收取时开具省级以上财政部门印制的财政票据。

③所收款项全额上缴财政。

其他价外费用，无论是否属于纳税人的收入，均应并入销售额计算征税。

实行从价定率办法计算应纳税额的应税消费品连同包装销售的，无论包装是否单独计价，也不论在会计上如何核算，均应并入应税消费品的销售额中征收消费税。如果包装物不作价随同产品销售，而是收取押金，此项押金则不应并入应税消费品的销售额中征税。但对因逾期未收回的包装物不再退还的或者已收取的时间超过 12 个月的押金，应并入应税消费品的销售额，按照应税消费品的适用税率缴纳消费税。

对既作价随同应税消费品销售，又另外收取押金的包装物的押金，凡纳税人在规定的期限内没有退还的，均应并入应税消费品的销售额，按照应税消费品的适用税率缴纳消费税。

从 1995 年 6 月 1 日起，对销售啤酒、黄酒外的其他酒类产品而收取的包装物押金，无论是否返还以及会计上如何核算，均应并入当期销售额征税。

白酒生产企业向商业销售单位收取的"品牌使用费"是随着应税白酒的销售而向购货方收取的，属于应税白酒销售价款的组成部分，因此，不论企业采取何种方式或以何种名义收取价款，均应并入白酒的销售额中缴纳消费税。

纳税人销售的应税消费品，以外汇结算销售额的，其销售额的人民币折合率可以选择结算的当天或者当月 1 日的国家外汇牌价(原则上为中间价)。纳税人应在事先确定采取何种折合率，确定后 1 年内不得变更。

(二)含增值税销售额的换算

应税消费品在缴纳消费税的同时，与一般货物一样，还应缴纳增值税。按照《消费税暂行条例实施细则》的规定，应税消费品的销售额，不包括应向购货方收取的增值税税款。如果纳税人应税消费品的销售额中未扣除增值税税款或者因不得开具增值税专用发票而发生价款和增值税税款合并收取的，在计算消费税时，应将含增值税的销售额换算为不含增值税税款的销售额。其换算公式为：

$$应税消费品的销售额=含增值税的销售额\div(1+增值税税率或征收率)$$

在使用换算公式时，应根据纳税人的具体情况分别使用增值税税率或征收率。如果消费税的纳税人同时又是增值税一般纳税人的，应适用 16% 的增值税税率；如果消费税的纳税人是增值税小规模纳税人的，应适用 3% 的征收率。

二、从量计征

在从量定额计算方法下，应纳税额等于应税消费品的销售数量乘以单位税额，应纳额的多少取决于应税消费品的销售数量和单位税额两个因素。

(一)销售数量的确定

销售数量是指纳税人生产、加工和进口应税消费品的数量。具体规定为：

(1)销售应税消费品的，为应税消费品的销售数量。

(2)自产自用应税消费品的，为应税消费品的移送使用数量。

(3)委托加工应税消费品的,为纳税人收回的应税消费品数量。

(4)进口的应税消费品,为海关核定的应税消费品进口征税数量。

(二)计量单位的换算标准

《消费税暂行条例》规定,黄酒、啤酒以吨为税额单位;汽油、柴油以升为税额单位。

三、从价从量复合计征

现行消费税的征税范围中,只有卷烟、白酒采用复合计征方法。应纳税额等于应税销售数量乘以定额税率再加上应税销售额乘以比例税率。

生产销售卷烟、白酒,从量定额计税依据为实际销售数量。进口、委托加工、自产自用卷烟、白酒从量定额计税依据分别为海关核定的进口征税数量、委托方收回数量、移送使用数量。

第三节 应纳税额的计算

一、生产销售环节应纳消费税的计算

纳税人在生产销售环节应缴纳的消费税,包括直接对外销售应税消费品应缴纳的消费税和自产自用应税消费品应缴纳的消费税。

(一)直接对外销售应纳消费税的计算

直接对外销售应税消费品涉及三种计算方法:

1. 从价定率计算

在从价定率计算方法下,应纳消费税额等于销售额乘以适用税率。基本计算公式为:

应纳税额=应税消费品的销售额×比例税率

2. 从量定额计算

在从量定额计算方法下,应纳税额等于应税消费品的销售数量乘以定额税率。基本计算公式为:

应纳税额=应税消费品的销售数量×定额税率

3. 从价定率和从量定额复合计算

现行消费税的征税范围中,只有卷烟、白酒采用复合计算方法。基本计算公式为:

应纳税额=应税消费品的销售数量×定额税率+应税销售额×比例税率

(二)自产自用应纳消费税的计算

所谓自产自用,就是纳税人生产应税消费品后,不是用于直接对外销售,而是用于自己连续生产应税消费品或用于其他方面。这种自产自用应税消费品形式,在实际经济活动中是很常见的,但也是在是否纳税或如何纳税上最容易出现问题的。例如,有的企业把自己生产的应税消费品,以福利或奖励等形式发给本厂职工,以为不是对外销售,不必计入销售额,无须纳税,这样就出现了漏缴税款的现象。因此,很有必要认真理解税法对自产自用应税消费品的有关规定。

1. 用于连续生产的应税消费品

纳税人自产自用的应税消费品,用于连续生产应税消费品的,不纳税。所谓“纳税人自产自用的应税消费品,用于连续生产应税消费品的”,是指作为生产最终应税消费品的直接材料并构成最终产品实体的应税消费品。例如,卷烟厂生产出烟丝,再用生产出的烟丝连续生产卷烟,虽然烟丝是应税消费品,但用于连续生产卷烟的烟丝就不用缴纳消费税,只对生产销售的卷烟征收消费税。如果生产的烟丝直接用于销售,则烟丝需要缴纳消费税。税法规定对自产自用的应税消费品,用于连续生产应税消费品的不征税,体现了不重复课税原则。

2. 用于其他方面的应税消费品

纳税人自产自用的应税消费品,除用于连续生产应税消费品外,凡用于其他方面的,于移送使用时纳税。用于其他方面是指纳税人用于生产非应税消费品、在建工程、管理部门、非生产机构、提供劳务,以及用于馈赠、赞助、集资、广告、样品、职工福利、奖励等方面。所谓“用于生产非应税消费品”,是指把自产的应税消费品用于生产《消费税暂行条例》税目、税率表所列15类产品以外的产品。

所谓“用于馈赠、赞助、集资、广告、样品、职工福利、奖励”,是指把自己生产的应税消费品无偿赠送给他人,或以资金的形式投资于外单位,或作为商品广告、经销样品,或以福利、奖励的形式发给职工。总之,企业自产的应税消费品虽然没有用于销售或连续生产应税消费品,但只要是用于税法所规定的范围的都要视同销售,依法缴纳消费税。

3. 组成计税价格及税额的计算

纳税人自产自用的应税消费品,凡用于其他方面,应当纳税的,按照纳税人生产的同类消费品的销售价格计算纳税。同类消费品的销售价格是指纳税人当月销售的同类消费品的销售价格,如果当月同类消费品各期销售价格高低不同,应按销售数量加权平均计算。但销售的应税消费品有下列情况之一的,不得列入加权平均计算:

(1)销售价格明显偏低又无正当理由的。

(2)无销售价格的。

如果当月无销售或者当月未完结,应按照同类消费品上月或者最近月份的销售价格计算纳税。

没有同类消费品销售价格的,按照组成计税价格计算纳税。组成计税价格的计算公式是:

- 实行从价定率办法计算纳税的组成计税价格计算公式:

组成计税价格=(成本+利润)÷(1-比例税率)

应纳税额=组成计税价格×比例税率

- 实行复合计税办法计算纳税的组成计税价格计算公式:

组成计税价格=(成本+利润+自产自用数量×定额税率)÷(1-比例税率)

应纳税额=组成计税价格×比例税率+自产自用数量×定额税率

上述公式中所说的“成本”,是指应税消费品的产品生产成本。

上述公式中所说的“利润”,是指根据应税消费品的全国平均成本利润率计算的利润。

【例1-3-1】大华酒厂(增值税一般纳税人)1月份将自产甲类啤酒10吨发放给职工作福利,其成本为5 000元/吨;另外,1月份将自产薯类白酒1吨发放给职工作福利,其成本为8 000元/吨,成本利润率10%。(甲类啤酒消费税每吨税额250元)

要求:

(1)计算甲类啤酒发放职工福利应纳的消费税。

(2)计算白酒发放职工福利应纳的消费税。

计算：

(1)啤酒消费税不必组价，应纳消费税税额 = 10 × 250 = 2 500(元)

(2)白酒的组成计税价格 = [8 000 × (1 + 10%) + 2 000 × 0.5] ÷ (1 − 20%) = 12 250(元)

应纳消费税 = 2 000 × 0.5 + 12 250 × 20% = 3 450(元)

二、委托加工环节应税消费品应纳税额的计算

企业、单位或个人由于设备、技术、人力等方面的局限或其他方面的原因，常常要委托其他单位代为加工应税消费品，然后，将加工好的应税消费品收回，直接销售或自己使用。这是生产应税消费品的另一种形式，也需要纳入征收消费税的范围。

(一)委托加工应税消费品的确定

委托加工的应税消费品是指由委托方提供原料和主要材料，受托方只收取加工费和代垫部分辅助材料加工的应税消费品。对于由受托方提供原材料生产的应税消费品，或者受托方先将原材料卖给委托方，然后再接受加工的应税消费品，以及由受托方以委托方名义购进原材料生产的应税消费品，不论纳税人在财务上是否作销售处理，都不得作为委托加工应税消费品，而应当按照销售自制应税消费品缴纳消费税。

(二)组成计税价格及应纳税额的计算

委托加工的应税消费品，按照受托方的同类消费品的销售价格计算纳税，同类消费品的销售价格是指受托方(即代收代缴义务人)当月销售的同类消费品的销售价格，如果当月同类消费品各期销售价格高低不同，应按销售数量加权平均计算。但销售的应税消费品有下列情况之一的，不得列入加权平均计算：

(1)销售价格明显偏低又无正当理由的。

(2)无销售价格的。如果当月无销售或者当月未完结，应按照同类消费品上月或最近月份的销售价格计算纳税。没有同类消费品销售价格的，按照组成计税价格计算纳税。组成计税价格的计算公式为：

- 实行从价定率办法计算纳税的组成计税价格计算公式：

组成计税价格 = (材料成本 + 加工费) ÷ (1 − 比例税率)

- 实行复合计税办法计算纳税的组成计税价格计算公式：

组成计税价格 = (材料成本 + 加工费 +
委托加工数量 × 定额税率) ÷ (1 − 比例税率)

上述组成计税价格公式中有两个重要的专用名词解释如下：

(1)材料成本。按照《消费税暂行条例实施细则》的解释，“材料成本”是指委托方所提供加工材料的实际成本。委托加工应税消费品的纳税人，必须在委托加工合同上如实注明(或以其他方式提供)材料成本，凡未提供材料成本的，受托方所在地主管税务机关有权核定其材料成本。

(2)加工费。《消费税暂行条例实施细则》规定，“加工费”是指受托方加工应税消费品向委托方所收取的全部费用(包括代垫辅助材料的实际成本，不包括增值税税金)。

【例 1-3-2】某白酒生产企业(以下简称甲企业)为增值税一般纳税人，2020 年 7 月发生以下业务：

(1)向某烟酒专卖店销售粮食白酒 20 吨，开具普通发票，取得含税收入 200 万元，另收取品牌使用费 50 万元、包装物租金 20 万元。

(2)提供 10 万元的原材料委托乙企业加工散装药酒 1 000 千克,收回时向乙企业支付不含增值税的加工费 1 万元,乙企业已代收代缴消费税;

要求:

(1)计算本月甲企业向专卖店销售白酒应缴纳的消费税。

(2)计算乙企业代收代缴消费税的组成计税价格。

(3)计算乙企业代收代缴的消费税。

计算:

(1)消费税 $=(200+50+20)\div(1+13\%)\times20\%+20\times1\,000\div10\,000=48.15$(万元)

(2)组成计税价格 $=(10+1)\div(1-10\%)=12.2$(万元)

(3)代收代缴消费税 $=12.2\times10\%=1.22$(万元)

三、已纳消费税扣除的计算

为了避免重复征税,现行消费税规定,将外购应税消费品和委托加工收回的应税消费品继续生产应税消费品销售的,可以将外购应税消费品和委托加工收回应税消费品已缴纳的消费税给予扣除。

(一)外购应税消费品已纳税款的扣除

1. 外购应税消费品连续生产应税消费品

由于某些应税消费品是用外购已缴纳消费税的应税消费品连续生产出来的,在对这些连续生产出来的应税消费品计算征税时,税法规定应按当期生产领用数量计算准予扣除外购的应税消费品已纳的消费税税款。扣除范围包括:

(1)外购已税烟丝生产的卷烟。

(2)外购已税高档化妆品生产的高档化妆品。

(3)外购已税珠宝玉石生产的贵重首饰及珠宝玉石。

(4)外购已税鞭炮焰火生产的鞭炮焰火。

(5)外购已税杆头、杆身和握把为原料生产的高尔夫球杆。

(6)外购已税木制一次性筷子为原料生产的木制一次性筷子。

(7)外购已税实木地板为原料生产的实木地板。

(8)对外购已税汽油、柴油、石脑油、燃料油、润滑油用于连续生产应税成品油。

上述当期准予扣除外购应税消费品已纳消费税税款的计算公式为:

当期准予扣除的外购应税消费品已纳税款 = 当期准予扣除的外购应税消费品买价 × 外购应税消费品适用税率

当期准予扣除的外购应税消费品买价 = 期初库存的外购应税消费品的买价 + 当期购进的应税消费品的买价 - 期末库存的外购应税消费品的买价

外购已税消费品的买价是指购货发票上注明的销售额(不包括增值税税款)。由于我国近期多次调整成品油消费税税率,纳税人外购应税油品连续生产应税成品油,应根据其取得的外购应税油品增值税专用发票开具时间来确定具体扣除金额,如果增值税专用发票开具时间为调整前,则按照调整前的成品油消费税税率计算扣除消费税;如果增值税专用发票开具时间为调整后,则按照调整后的成品油消费税税率计算扣除消费税。

需要说明的是,纳税人用外购的已税珠宝玉石生产的改在零售环节征收消费税的金银首饰(镶嵌首饰),在计税时一律不得扣除外购珠宝玉石的已纳税款。

2. 外购应税消费品后销售

对自己不生产应税消费品,而只是购进后再销售应税消费品的工业企业,其销售的化妆品、护肤护发品、鞭炮焰火和珠宝玉石,凡不能构成最终消费品直接进入消费品市场,而需进一步生产加工、包装、贴标的或者组合的珠宝玉石、化妆品、酒、鞭炮焰火等,应当征收消费税,同时允许扣除上述外购应税消费品的已纳税款。

(二)委托加工收回的应税消费品已纳税款的扣除

委托加工的应税消费品因为已由受托方代收代缴消费税,因此,委托方收回货物后用于连续生产应税消费品的,其已纳税款准予按照规定从连续生产的应税消费品应纳消费税税额中抵扣。按照国家税务总局的规定,下列连续生产的应税消费品准予从应纳消费税税额中按当期生产领用数量计算扣除委托加工收回的应税消费品已纳消费税税款:

(1)以委托加工收回的已税烟丝为原料生产的卷烟。

(2)以委托加工收回的已税高档化妆品为原料生产的高档化妆品。

(3)以委托加工收回的已税珠宝玉石为原料生产的贵重首饰及珠宝玉石。

(4)以委托加工收回的已税鞭炮、焰火为原料生产的鞭炮、焰火。

(5)以委托加工收回的已税杆头、杆身和握把为原料生产的高尔夫球杆。

(6)以委托加工收回的已税木制一次性筷子为原料生产的木制一次性筷子。

(7)以委托加工收回的已税实木地板为原料生产的实木地板。

(8)以委托加工收回的已税汽油、柴油、石脑油、燃料油、润滑油用于连续生产应税成品油。

上述当期准予扣除委托加工收回的应税消费品已纳消费税税款的计算公式是:

当期准予扣除的委托加工应税消费品已纳税款=期初库存的委托加工应税消费品已纳税款+当期收回的委托加工应税消费品已纳税款-期末库存的委托加工应税消费品已纳税款

纳税人以进口、委托加工收回应税油品连续生产应税成品油,分别依据《海关进口消费税专用缴款书》《税收缴款书》(代扣代收专用),按照现行政策规定计算扣除应税油品已纳消费税税款。

纳税人以外购、进口、委托加工收回的应税消费品(以下简称外购应税消费品)为原料连续生产应税消费品,准予按现行政策规定抵扣外购应税消费品已纳消费税税款。经主管税务机关核实上述外购应税消费品未缴纳消费税的,纳税人应将已抵扣的消费税税款,从核实当月允许抵扣的消费税中冲减。

需要说明的是,纳税人用委托加工收回的已税珠宝玉石生产的改为零售环节征收消费税的金银首饰,在计税时一律不得扣除委托加工收回的珠宝玉石的已纳消费税税款。

第四节 征收管理

一、征税环节

(一)对生产应税消费品在生产销售环节征税

生产应税消费品销售是消费税征收的主要环节,因为一般情况下,消费税具有单一环节征税的特点,对于大多数消费税应税商品而言,在生产销售环节征税以后,流通环节不用再缴纳消费税。纳税人生产应税消费品,除了直接对外销售应征收消费税外,如将生产的应税消费品换取生产资料、消费资料、投资入股、偿还债务,以及用于继续生产应税消费品以外的其他方面都应缴纳消费税。

另外,工业企业以外的单位和个人的下列行为视为应税消费品的生产行为,按规定征收消费税:

(1)将外购的消费税非应税产品以消费税应税产品对外销售的。

(2)将外购的消费税低税率应税产品以高税率应税产品对外销售的。

(二)对委托加工应税消费品在委托加工环节征税

委托加工应税消费品是指委托方提供原料和主要材料,受托方只收取加工费和代垫部分辅助材料加工的应税消费品。由受托方提供原材料或其他情形的一律不能视同加工应税消费品。委托加工的应税消费品收回后,再继续用于生产应税消费品销售且符合现行政策规定的,其加工环节缴纳的消费税款可以扣除。

(三)对进口应税消费品在进口环节征税

单位和个人进口属于消费税征税范围的货物,在进口环节要缴纳消费税。为了降低征税成本,进口环节缴纳的消费税由海关代征。

(四)对零售特定应税消费品在零售环节征税

经国务院批准,自 1995 年 1 月 1 日起,金银首饰消费税由生产销售环节征收改为零售环节征收。改在零售环节征收消费税的金银首饰仅限于金基、银基合金首饰以及金、银和金基、银基合金的镶嵌首饰,进口环节暂不征收,零售环节适用税率为 5% ,在纳税人销售金银首饰、钻石及钻石饰品时征收。其计税依据是不含增值税的销售额。

(五)对移送使用应税消费品在移送使用环节征税

如果企业在生产经营的过程中,将应税消费品移送用于加工非应税消费品,则应对移送部分征收消费税。

(六)对批发卷烟在卷烟的批发环节征税

与其他消费税应税商品不同的是,卷烟除了在生产销售环节征收消费税外,还在批发环节征收一次。纳税人兼营卷烟批发和零售业务的,应当分别核算批发和零售环节的销售额、销售数量;未分别核算批发和零售环节销售额、销售数量的,按照全部销售额、销售数量计征批发环节消费税。纳税人销售给纳税人以外的单位和个人的卷烟于销售时纳税。纳税人之间销售的卷烟不缴纳消费税。卷烟批发企业的机构所在地,总机构与分支机构不在同一地区的,由总机构申报纳税。卷烟消费税在生产和批发两个环节征收后,批发企业在计算纳税时不得扣除已含的生产环节的消费税税款。

二、纳税义务发生时间

消费税纳税义务发生的时间,以货款结算方式或行为发生时间分别确定。

(1)纳税人销售的应税消费品,其纳税义务的发生时间为:

①纳税人采取赊销和分期收款结算方式的,为书面合同约定的收款日期的当天,书面合同没有约定收款日期或者无书面合同的,为发出应税消费品的当天。

②纳税人采取预收货款结算方式的，其纳税义务的发生时间，为发出应税消费品的当天。

③纳税人采取托收承付和委托银行收款方式销售的应税消费品，其纳税义务的发生时间，为发出应税消费品并办妥托收手续的当天。

④纳税人采取其他结算方式的，其纳税义务的发生时间，为收讫销售款或者取得索取销售款凭据的当天。

(2)纳税人自产自用的应税消费品，其纳税义务的发生时间，为移送使用的当天。

(3)纳税人委托加工的应税消费品，其纳税义务的发生时间，为纳税人提货的当天。

(4)纳税人进口的应税消费品，其纳税义务的发生时间，为报关进口的当天。

三、纳税期限

按照《消费税暂行条例》规定，消费税的纳税期限分别为 1 日、3 日、5 日、10 日、15 日、1 个月或者 1 个季度。纳税人的具体纳税期限，由主管税务机关根据纳税人应纳税额的大小分别核定；不能按照固定期限纳税的，可以按次纳税。

纳税人以 1 个月或以 1 个季度为一期纳税的，自期满之日起 15 日内申报纳税；以 1 日、3 日、5 日、10 日或者 15 日为一期纳税的，自期满之日起 5 日内预缴税款，于次月 1 日起至 15 日内申报纳税并结清上月应纳税款。

纳税人进口应税消费品，应当自海关填发海关进口消费税专用缴款书之日起 15 日内缴纳税款。

如果纳税人不能按照规定的纳税期限依法纳税，将按《税收征收管理法》的有关规定处理。

四、纳税地点

消费税具体纳税地点有：

(1)纳税人销售的应税消费品，以及自产自用的应税消费品，除国务院财政、税务主管部门另有规定外，应当向纳税人机构所在地或者居住地的主管税务机关申报纳税。

(2)委托加工的应税消费品，除受托方为个人外，由受托方向机构所在地或者居住地的主管税务机关解缴消费税税款。

(3)进口的应税消费品，由进口人或者其代理人向报关地海关申报纳税。

(4)纳税人到外县(市)销售或者委托外县(市)代销自产应税消费品的，于应税消费品销售后，向机构所在地或者居住地主管税务机关申报纳税。

纳税人的总机构与分支机构不在同一县(市)，但在同一省(自治区、直辖市)范围内，经省(自治区、直辖市)财政厅(局)、国家税务局审批同意，可以由总机构汇总向总机构所在地的主管税务机关申报缴纳消费税。

省(自治区、直辖市)财政厅(局)、国家税务局应将审批同意的结果，上报财政部、国家税务总局备案。

(5)纳税人销售的应税消费品，因质量等原因发生退货的，其已缴纳的消费税税款可予以退还。

纳税人办理退税手续时，应将开具的红字增值税发票、退税证明等资料报主管税务机关备案。主管税务机关核对无误后办理退税。

纳税人直接出口的应税消费品办理免税后，发生退关或者国外退货，复进口时已予以免税的,可暂不办理补税,待其转为国内销售的当月申报缴纳消费税。

小 结

消费税是一种涉及面比较宽的流转税。本章主要介绍了消费税的征税范围、纳税人、税率、应纳税额的计算及申报缴纳管理等内容,使读者对我国现行消费税制度形成完整而正确的理解,掌握正确计算消费税应纳税额的能力。

思考与巩固

1. 消费税的纳税人、征税范围和税率是如何规定的?
2. 批发环节、零售环节应税消费品应纳税额如何计算?

第四章　个人所得税法概述

个人所得税法是指国家制定的用以调整个人所得税征收与缴纳之间权利及义务关系的法律规范。个人所得税的基本规范是1980年9月10日第五届全国人民代表大会第三次会议制定的《中华人民共和国个人所得税法》(以下简称《个人所得税法》),多年来通过了七次修改,目前适用的是2018年8月31日,由第十三届全国人民代表大会常务委员会第五次会议修改通过并公布的,自2019年1月1日起施行。

个人所得税是主要以自然人取得的各类应税所得为征税对象而征收的一种所得税,是政府利用税收对个人收入进行调节的一种手段。个人所得税的纳税人不仅包括个人,还包括具有自然人性质的企业。从世界范围看,个人所得税的税制模式有三种:分类征收制、综合征收制与混合征收制。分类征收制,就是将纳税人不同来源、性质的所得项目,分别规定不同的税率征税;综合征收制,是对纳税人全年的各项所得加以汇总,就其总额进行征税;混合征收制,是对纳税人不同来源、性质的所得先分别按照不同的税率征税,然后将全年的各项所得进行汇总征税。三种不同的征收模式各有其优缺点。目前,我国个人所得税已初步建立分类与综合相结合的征收模式,即混合征收制。其在组织财政收入、提高公民纳税意识,尤其在调节个人收入分配差距方面具有重要作用。

第一节　纳税义务人与征税范围

一、纳税义务人

个人所得税的纳税义务人,包括中国公民(包括香港、澳门、台湾同胞)、个体工商业户、个人独资企业、合伙企业投资者、在中国有所得的外籍人员(包括无国籍人员,下同)。上述纳税义务人依据住所和居住时间两个标准,区分为居民个人和非居民个人,分别承担不同的纳税义务。

(一)居民个人

居民个人负有无限纳税义务。其所取得的应纳税所得,无论是来源于中国境内还是中国境外任何地方,都要在中国缴纳个人所得税。根据《个人所得税法》规定,居民个人是指在中国境内有住所,或者无住所而一个纳税年度在中国境内居住累计满183天的个人。

在中国境内有住所的个人,是指因户籍、家庭、经济利益关系,而在中国境内习惯性居住的个人。这里所说的习惯性居住,是判定纳税义务人属于居民个人还是非居民个人的一个重要依据。它是指个人因学习、工作、探亲等原因消除之后,没有理由在其他地方继续居留时,所要回到的地方,而不是指实际居住或在某一个特定时期内的居住地。一个纳税人因学习、工作、探亲、旅游等原因,原来是在中国境外居住,但是在这些原因消除之后,如果必须回到中国境内居住的,则中国为该人的习惯性居住地。尽管该纳税义务人在一个纳税年度内,甚至连续几个纳税年度,都未在中国境内居住过1天,他仍然是中国的居民个人,应就其来自全球的应纳税所得,向中国缴纳个人所得税。

一个纳税年度在境内居住累计满 183 天,是指在一个纳税年度(即公历 1 月 1 日起至 12 月31 日止,下同)内,在中国境内居住累计满 183 天。在计算居住天数时,按其一个纳税年度内在境内的实际居住时间确定,取消了原有的临时离境规定。即境内无住所的某人在一个纳税年度内无论出境多少次,只要在我国境内累计住满 183 天,就可判定为我国的居民个人。综上可知,个人所得税的居民个人包括以下两类:

(1)在中国境内定居的中国公民和外国侨民。但不包括虽具有中国国籍,却并没有在中国大陆定居,而是侨居海外的华侨和居住在中国香港、澳门、台湾的同胞。

(2)从公历 1 月 1 日起至 12 月 31 日止,在中国境内累计居住满 183 天的外国人、海外侨胞和中国香港、澳门、台湾同胞。例如,一个外籍人员从 2018 年 10 月起到中国境内的公司任职,在 2019 年纳税年度内,虽然曾多次离境回国,但由于该外籍个人在我国境内的居住停留时间累计达 206 天,已经超过了一个纳税年度内在境内累计居住满 183 天的标准。因此,该纳税义务人应为居民个人。

现行税法中关于"中国境内"的概念,是指中国内地地区,目前还不包括中国香港、澳门和台湾地区。

(二)非居民个人

非居民个人,是指不符合居民个人判定标准(条件)的纳税义务人,非居民个人,承担有限纳税义务,即仅就其来源于中国境内的所得,向中国缴纳个人所得税。《个人所得税法》规定,非居民个人是"在中国境内无住所又不居住,或者无住所而一个纳税年度内在境内居住累计不满 183 天的个人"。也就是说,非居民个人,是指习惯性居住地不在中国境内,而且不在中国居住;或者在一个纳税年度内,在中国境内居住累计不满 183 天的个人。在现实生活中,习惯性居住地不在中国境内的个人,只有外籍人员、华侨或中国香港、澳门和台湾同胞。因此,非居民个人,实际上只能是在一个纳税年度中,没有在中国境内居住,或者在中国境内居住天数累计不满 183 天的外籍人员、华侨或中国香港、澳门、台湾同胞。

自 2019 年 1 月 1 日起,无住所个人一个纳税年度内在中国境内累计居住天数,按照个人在中国境内累计停留的天数计算。在中国境内停留的当天满 24 小时的,计入中国境内居住天数,在中国境内停留的当天不足 24 小时的,不计入中国境内居住天数。

二、征税范围

居民个人取得下列第一项至第四项所得(以下称综合所得),按纳税年度合并计算个人所得税;非居民个人取得下列第(一)项至第(四)项所得,按月或者按次分项计算个人所得税。纳税人取得下列第(五)项至第(九)项所得,分别计算个人所得税。

(一)工资、薪金所得

工资、薪金所得,是指个人因任职或者受雇而取得的工资、薪金、奖金、年终加薪、劳动分红、津贴、补贴以及与任职或者受雇有关的其他所得。

1. 工资、薪金所得涵盖范围

一般来说,工资、薪金所得属于非独立个人劳动所得。所谓非独立个人劳动,是指个人所从事的是由他人指定、安排并接受管理的劳动,工作或服务于公司、工厂、行政事业单位的人员(私营企业主除外)均为非独立劳动者。他们从上述单位取得的劳动报酬,是以工资、薪金的形式体现的。在这类报酬中,工资和薪金的收入主体略有差异。通常情况下,把直接从事生产、经营或服务的劳动者(工人)的收入称为工资,即所谓"蓝领阶层"所得;而将从事社会公职或管理活动的劳动者(公职人员)的收入称为薪金,即所谓"白领阶层"所得。但实际立法过程中,各国都从简便易行的角度考虑,将工资、薪金合并为一个项目计征个人所得税。

除工资、薪金以外,奖金、年终加薪、劳动分红、津贴、补贴也被确定为工资、薪金范畴。其中,年终加薪、劳动分红不分种类和取得情况,一律按工资、薪金所得课税。奖金是指所有具有工资性质的奖金,免税奖金的范围在税法中另有规定。此外,还有一些所得的发放被视为取得工资、薪金所得的情形。例如:公司职工取得的用于购买企业国有股权的劳动分红,按"工资、薪金所得"项目计征个人所得税;出租汽车经营单位对出租车驾驶员采取单车承包或承租方式运营,出租车驾驶员从事客货营运取得的收入,按工资、薪金所得征税。

2. 个人取得的津贴、补贴,不计入工资、薪金所得的项目

根据我国目前个人收入的构成情况,规定对于一些不属于工资、薪金性质的补贴、津贴或者不属于纳税人本人工资、薪金所得项目的收入,不予征税。这些项目包括:

(1)独生子女补贴。

(2)执行公务员工资制度未纳入基本工资总额的补贴、津贴差额和家属成员的副食品补贴。

(3)托儿补助费。

(4)差旅费津贴、误餐补助。其中,误餐补助是指按照财政部规定,个人因公在城区、郊区工作,不能在工作单位或返回就餐的,根据实际误餐顿数,按规定的标准领取的误餐费。注意:单位以误餐补助名义发给职工的补助、津贴不能包括在内。

(5)外国来华留学生,领取的生活津贴费、奖学金,不属于工资、薪金范畴,不征个人所得税。

(二)劳务报酬所得

劳务报酬所得,指个人独立从事各种非雇用的各种劳务所取得的所得。内容如下:

(1)设计,指按照客户的要求,代为制定工程、工艺等各类设计业务。

(2)装潢,指接受委托,对物体进行装饰、修饰,使之美观或具有特定用途的作业。

(3)安装,指按照客户要求,对各种机器、设备的装配、安置,以及与机器、设备相连的附属设施的装设和被安装机器设备的绝缘、防腐、保温、油漆等工程作业。

(4)制图,指受托按实物或设想物体的形象,依体积、面积、距离等,用一定比例绘制成平面图、立体图、透视图等的业务。

(5)化验,指受托用物理或化学的方法,检验物质的成分和性质等业务。

(6)测试,指利用仪器仪表或其他手段代客对物品的性能和质量进行检测试验的业务。

(7)医疗,指从事各种病情诊断、治疗等医护业务。

(8)法律,指受托担任辩护律师、法律顾问,撰写辩护词、起诉书等法律文书的业务。

(9)会计,指受托从事会计核算的业务。

(10)咨询,指对客户提出的政治、经济、科技、法律、会计、文化等方面的问题进行解答、说明的业务。

(11)讲学,指应邀(聘)进行讲课、作报告、介绍情况等业务。

(12)翻译,指受托从事中、外语言或文字的翻译(包括笔译和口译)的业务。

(13)审稿,指对文字作品或图形作品进行审查、核对的业务。

(14)书画,指按客户要求或自行从事书法、绘画、题词等业务。

(15)雕刻,指代客镌刻图章、牌匾、碑、玉器、雕塑等业务。

(16)影视,指应邀或应聘在电影、电视节目中出任演员,或担任导演、音响、化妆、道具、制作、摄影等与拍摄影视节目有关的业务。

(17)录音,指用录音器械代客录制各种音响带的业务,或者应邀演讲、演唱、采访而被录音的服务。

(18)录像,指用录像器械代客录制各种图像、节目的业务,或者应邀表演、采访被录像的业务。

(19)演出,指参加戏剧、音乐、舞蹈、曲艺等文艺演出活动的业务。

(20)表演,指从事杂技、体育、武术、健美、时装、气功以及其他技巧性表演活动的业务。

(21)广告,指利用图书、报纸、杂志、广播、电视、电影、招贴、路牌、橱窗、霓虹灯、灯箱、墙面及其他载体,为介绍商品、经营服务项目、文体节目或通告、声明等事项,所做的宣传和提供相关服务的业务。

(22)展览,指举办或参加书画展、影展、盆景展、邮展、个人收藏品展、花鸟虫鱼展等各种展示活动的业务。

(23)技术服务,指利用一技之长而进行技术指导、提供技术帮助的业务。

(24)介绍服务,指介绍供求双方商谈,或者介绍产品、经营服务项目等服务的业务。

(25)经纪服务,指经纪人通过居间介绍,促成各种交易和提供劳务等服务的业务。

(26)代办服务,指代委托人办理受托范围内的各项事宜的业务。

(27)其他劳务,指上述列举的26项劳务项目之外的各种劳务。

自2004年1月20日起,对商品营销活动中,企业和单位对其营销业绩突出的非雇员以培训班、研讨会、工作考察等名义组织旅游活动,通过免收差旅费、旅游费对个人实行的营销业绩奖励(包括实物、有价证券等),应根据所发生费用的全额作为该营销人员当期的劳务收入,按照"劳务报酬所得"项目征收个人所得税,并由提供上述费用的企业和单位代扣代缴。

在实际操作过程中,还可能出现难以判定一项所得是属于工资、薪金所得,还是属于劳务报酬所得的情况。这两者的区别在于:工资、薪金所得是属于非独立个人劳务活动,即在机关、团体、学校、部队、企业、事业单位及其他组织中任职、受雇而得到的报酬;而劳务报酬所得,则是个人独立从事各种技艺、提供各项劳务取得的报酬。

注意:个人由于担任董事职务所取得的董事费收入,属于劳务报酬所得性质,按照劳务报酬所得项目征收个人所得税,但仅适用于个人担任公司董事、监事,且不在公司任职、受雇的情形。个人在公司(包括关联公司)任职、受雇,同时兼任董事、监事的,应将董事费、监事费与个人工资收入合并,统一按工资、薪金所得项目缴纳个人所得税。

(三)稿酬所得

稿酬所得,是指个人因其作品以图书、报刊形式出版、发表而取得的所得。将稿酬所得独立划归一个征税项目,而对不以图书、报刊形式出版、发表的翻译、审稿、书画所得归为劳务报酬所得,主要是考虑了出版、发表作品的特殊性。第一,它是一种依靠较高智力创作的精神产品;第二,它具有普遍性;第三,它与社会主义精神文明和物质文明密切相关;第四,它的报酬相对偏低。因此,稿酬所得应当与一般劳务报酬相区别,并给予适当优惠照顾。

（四）特许权使用费所得

特许权使用费所得，是指个人提供专利权、商标权、著作权、非专利技术以及其他特许权的使用权取得的所得。提供著作权的使用权取得的所得，不包括稿酬所得。

专利权，是由国家专利主管机关依法授予专利申请人或其权利继承人在一定期间内实施其发明创造的专有权。对于专利权，许多国家只将提供他人使用取得的所得，列入特许权使用费，而将转让专利权所得列为资本利得税的征税对象。我国没有开征资本利得税，故将个人提供和转让专利权取得的所得，都列入特许权使用费所得，征收个人所得税。

商标权，即商标注册人享有的商标专用权。著作权，即版权，是作者依法对文学、艺术和科学作品享有的专有权。个人提供或转让商标权、著作权、专有技术或技术秘密、技术诀窍取得的所得，应当依法缴纳个人所得税。

（五）经营所得

经营所得，是指：

（1）个体工商户从事生产、经营活动取得的所得，个人独资企业投资人、合伙企业的个人合伙人来源于境内注册的个人独资企业、合伙企业生产、经营的所得。个体工商户以业主为个人所得税纳税义务人。

（2）个人依法从事办学、医疗、咨询以及其他有偿服务活动取得的所得。

（3）个人对企业、事业单位承包经营、承租经营以及转包、转租取得的所得。对企事业单位的承包经营、承租经营所得，是指个人承包经营或承租经营以及转包、转租取得的所得。承包项目可分多种，如生产经营、采购、销售、建筑安装等各种承包。转包包括全部转包或部分转包。

（4）个人从事其他生产、经营活动取得的所得。例如，个人因从事彩票代销业务而取得的所得；或者从事个体出租车运营的出租车驾驶员取得的收入，都应按照“经营所得”项目计征个人所得税。这里所说的从事个体出租车运营，包括：出租车属个人所有，但挂靠出租汽车经营单位或企事业单位，驾驶员向挂靠单位缴纳管理费的，或出租汽车经营单位将出租车所有权转移给驾驶员的。

注意：个体工商户和从事生产、经营的个人，取得与生产、经营活动无关的其他各项应税所得，应分别按照其他应税项目的有关规定，计算征收个人所得税。如取得银行存款的利息所得、对外投资取得的股息所得，应按“股息、利息、红利”税目的规定单独计征个人所得税。个人独资企业、合伙企业的个人投资者以企业资金为本人、家庭成员及其相关人员支付与企业生产经营无关的消费性支出及购买汽车、住房等财产性支出，视为企业对个人投资者利润分配，并入投资者个人的生产经营所得，依照“经营所得”项目计征个人所得税。

（六）利息、股息、红利所得

利息、股息、红利所得，是指个人拥有债权、股权而取得的利息、股息、红利所得。利息，是指个人拥有债权而取得的利息，包括存款利息、贷款利息和各种债券的利息。按税法规定，个人取得的利息所得，除国债和国家发行的金融债券利息外，应当依法缴纳个人所得税。股息、红利，是指个人拥有股权取得的股息、红利。按照一定的比率对每股发给的息金叫股息；公司、企业应分配的利润，按股份分配的叫红利。股息、红利所得，除另有规定外，都应当缴纳个人所得税。

除个人独资企业、合伙企业以外的其他企业的个人投资者，以企业资金为本人、家庭成员及其相关人员支付与企业生产经营无关的消费性支出及购买汽车、住房等财产性支出，视为企业对个人投资者的红利分配，依照“利息、股息、红利所得”项目计征个人所得税。企业的上述支出不允许在所得税前扣除。

纳税年度内个人投资者从其投资企业(个人独资企业、合伙企业除外)借款，在该纳税年度终了后既不归还又未用于企业生产经营的，其未归还的借款可视为企业对个人投资者的红利分配，依照“利息、股息、红利所得”项目计征个人所得税。

(七)财产租赁所得

财产租赁所得，是指个人出租不动产、机器设备、车船以及其他财产取得的所得。

个人取得的财产转租收入，属于“财产租赁所得”的征税范围，由财产转租人缴纳个人所得税。

(八)财产转让所得

财产转让所得，是指个人转让有价证券、股权、合伙企业中的财产份额、不动产、机器设备、车船以及其他财产取得的所得。

在现实生活中，个人进行的财产转让主要是个人财产所有权的转让。财产转让实际上是一种买卖行为，当事人双方通过签订、履行财产转让合同，形成财产买卖的法律关系，使出让财产的个人从对方取得价款(收入)或其他经济利益。财产转让所得因其性质的特殊性，需要单独列举项目征税。对个人取得的各项财产转让所得，除股票转让所得外，都要征收个人所得税。具体规定为：

1. 股票转让所得

根据《个人所得税法实施条例》规定，对股票转让所得征收个人所得税的办法，由国务院另行规定，并报全国人民代表大会常务委员会备案。鉴于我国证券市场发育还不成熟，股份制改革仍需完善，对股票转让所得的计算、征税办法和纳税期限的确认等都需要做深入的调查研究后，结合国际通行的做法，作出符合我国实际的规定。因此国务院决定，对股票转让所得暂不征收个人所得税。

2. 量化资产股份转让

集体所有制企业在改制为股份合作制企业时，对职工个人以股份形式取得的拥有所有权的企业量化资产，暂缓征收个人所得税；待个人将股份转让时，就其转让收入额，减除个人取得该股份时实际支付的费用支出和合理转让费用后的余额，按“财产转让所得”项目计征个人所得税。

(九)偶然所得

偶然所得，是指个人得奖、中奖、中彩以及其他偶然性质的所得。得奖是指参加各种有奖竞赛活动，取得名次得到的奖金；中奖、中彩是指参加各种有奖活动，如有奖销售、有奖储蓄或者购买彩票，经过规定程序，抽中、摇中号码而取得的奖金。偶然所得应缴纳的个人所得税税款，一律由发奖单位或机构代扣代缴。

个人取得的所得，难以界定应纳税所得项目的，由国务院税务主管部门确定。

三、所得来源地的确定

除国务院财政、税务主管部门另有规定外，下列所得，不论支付地点是否在中国境内，均为来源于中国境内的所得：

(1)因任职、受雇、履约等而在中国境内提供劳务取得的所得。

(2)将财产出租给承租人在中国境内使用而取得的所得。

(3)转让中国境内的不动产等财产或者在中国境内转让其他财产取得的所得。

(4)许可各种特许权在中国境内使用而取得的所得。

(5)从中国境内企业、事业单位、其他组织以及居民个人取得的利息、股息、红利所得。

第二节 税率与应纳税所得额的确定

一、税率

(一)综合所得适用税率

综合所得适用七级超额累进税率，税率为3% ~45%(见表1-4-1)。

表1-4-1 综合所得适用税率表(含速算扣除数)

级数	全年应纳税所得额	税率(%)	速算扣除数(元)
1	不超过36 000元的	3	0
2	超过36 000元至144 000元的部分	10	2 520
3	超过144 000元至300 000元的部分	20	16 920
4	超过300 000元至420 000元的部分	25	31 920
5	超过420 000元至660 000元的部分	30	52 920
6	超过660 000元至960 000元的部分	35	85 920
7	超过960 000元的部分	45	181 920

注1:本表所称全年应纳税所得额是指依照税法的规定，居民个人取得综合所得以每一纳税年度收入额减除费用六万元以及专项扣除、专项附加扣除和依法确定的其他扣除后的余额。

注2:非居民个人取得工资、薪金所得，劳务报酬所得，稿酬所得和特许权使用费所得，依照本表按月换算后计算应纳税额。

居民个人每一纳税年度内取得综合所得包括：工资、薪金所得，劳务报酬所得，稿酬所得和特许权使用费所得。

(二)经营所得适用税率

经营所得适用五级超额累进税率，税率为5% ~35%(见表1-4-2)。

表1-4-2 经营所得适用税率表(含速算扣除数)

级数	全年应纳税所得额	税率(%)	速算扣除数(元)
1	不超过30 000元的	5	0
2	超过30 000元至90 000元的部分	10	1 500
3	超过90 000元至300 000元的部分	20	10 500
4	超过300 000元至500 000元的部分	30	40 500
5	超过500 000元的部分	35	65 500

注:本表所称全年应纳税所得额是指以每一纳税年度的收入总额减除成本、费用以及损失后的余额。

这里值得注意的是，由于目前实行承包（租）经营的形式较多，分配方式也不相同，因此，承包、承租人按照承包、承租经营合同（协议）规定取得所得的适用税率也不一致。

（1）承包、承租人对企业经营成果不拥有所有权，仅是按合同（协议）规定取得一定所得的，其所得按“工资、薪金”所得项目征税，纳入年度综合所得，适用3%～45%的七级超额累进税率（表1-4-1）。

（2）承包、承租人按合同（协议）的规定只向发包、出租方缴纳一定费用后，企业经营成果归其所有的，承包、承租人取得的所得，按对企事业单位的承包经营、承租经营所得项目，适用5%～35%的五级超额累进税率征税（表1-4-2）。

（三）其他所得适用税率

利息、股息、红利所得，财产租赁所得，财产转让所得和偶然所得，适用税率为20%的比例税率。

二、应纳税所得额的规定

由于个人所得税的应税项目不同，并且取得某项所得所需费用也不相同，因此，计算个人应纳税所得额，需按不同应税项目分项计算。以某项应税项目的收入额减去税法规定的该项目费用减除标准后的余额，为该应税项应纳税所得额。两个以上的个人共同取得同一项目收入的，应当对每个人取得的收入分别按照个人所得税法的规定计算纳税。

（一）每次收入的确定

《个人所得税法》对纳税义务人的征税方法有三种：一是按年计征，如经营所得，居民个人取得的综合所得；二是按月计征，如非居民个人取得的工资、薪金所得；三是按次计征，如利息、股息、红利所得，财产租赁所得，偶然所得和非居民个人取得的劳务报酬所得，稿酬所得，特许权使用费所得等6项所得。在按次征收情况下，由于扣除费用依据每次应纳税所得额的大小，分别规定了定额和定率两种标准。因此，无论是从正确贯彻税法的立法精神、维护纳税义务人的合法权益方面来看，还是从避免税收漏洞、防止税款流失、保证国家税收收入方面来看，如何准确划分“次”，都是十分重要的。前述6个项目的“次”，《个人所得税法实施条例》中作出了明确规定。具体是：

（1）非居民个人取得劳务报酬所得、稿酬所得、特许权使用费所得，根据不同所得项目的特点，分别规定为：

①属于一次性收入的，以取得该项收入为一次。

就劳务报酬所得来看，从事设计、安装、装潢、制图、化验、测试等劳务，往往是接受客户的委托，按照客户的要求，完成一次劳务后取得收入。因此，是属于只有一次性的收入，应以每次提供劳务取得的收入为一次。但需要注意的是，如果一次性劳务报酬收入以分月支付方式取得的，就适用同一事项连续取得收入、以1个月内取得的收入为一次的规定。

就稿酬来看，以每次出版、发表取得的收入为一次，不论出版单位是预付还是分笔支付稿酬，或者加印该作品后再付稿酬，均应合并其稿酬所得按一次计征个人所得税。具体又可细分为：同一作品再版取得的所得，应视作另一次稿酬所得计征个人所得税。同一作品先在报刊上连载，然后再出版，或先出版，再在报刊上连载的，应视为两次稿酬所得征税。即连载作为一次，出版作为另一次。同一作品在报刊上连载取得收入的，以连载完成后取得的所有收入合并为一次，计征个人所得税。同一作品在出版和发表时，以预付稿酬或分次支付稿酬等形式取得的稿酬收入,应合并计算为一次。同一作品出版、发表后,因添加印数而追加稿酬的,应与以前出版、发表时取得的稿酬合并计算为一次,计征个人所得税。在两处或两处以上出版、发表或再版同一作品而取得稿酬所得,则可分别各处取得的所得或再版所得按分次所得计征个人所得税。作者去世后,对取得其遗作稿酬的个人,按稿酬所得征收个人所得税。

就特许权使用费来看,以某项使用权的一次转让所取得的收入为一次。一个非居民个人,可能不仅拥有一项特许权利,每一项特许权的使用权也可能不止一次地向我国境内提供。因此,对特许权使用费所得的"次"的界定,明确为每一项使用权的每次转让所取得的收入为一次。如果该次转让取得的收入是分笔支付的,则应将各笔收入相加为一次的收入,计征个人所得税。

②属于同一事项连续取得收入的,以 1 个月内取得的收入为一次。例如,某外籍歌手(非居民个人)与一卡拉 OK 厅签约,在一定时期内每天到卡拉 OK 厅演唱一次,每次演出后付酬 500 元。在计算其劳务报酬所得时,应视为同一事项的连续性收入,以其 1 个月内取得的收入为一次计征个人所得税,而不能以每天取得的收入为一次。

(2)财产租赁所得,以 1 个月内取得的收入为一次。

(3)利息、股息、红利所得,以支付利息、股息、红利时取得的收入为一次。

(4)偶然所得,以每次收入为一次。

(二)应纳税所得额和费用减除标准

(1)居民个人取得综合所得,以每年收入额减除费用 60 000 元以及专项扣除、专项附加扣除和依法确定的其他扣除后的余额,为应纳税所得额。

①专项扣除,包括居民个人按照国家规定的范围和标准缴纳的基本养老保险、基本医疗保险、失业保险等社会保险费和住房公积金等。

②专项附加扣除,包括子女教育、继续教育、大病医疗、住房贷款利息或者住房租金、赡养老人等支出,具体范围、标准和实施步骤由国务院确定,并报全国人民代表大会常务委员会备案。

③依法确定的其他扣除,包括个人缴付符合国家规定的企业年金、职业年金,个人购买符合国家规定的商业健康保险、税收递延型商业养老保险的支出,以及国务院规定可以扣除的其他项目。

④专项扣除、专项附加扣除和依法确定的其他扣除,以居民个人一个纳税年度的应纳税所得额为限额;一个纳税年度扣除不完的,不结转以后年度扣除。

(2)非居民个人的工资、薪金所得,以每月收入额减除费用 5 000 元后的余额为应纳税所得额;劳务报酬所得、稿酬所得、特许权使用费所得,以每次收入额为应纳税所得额。

(3)经营所得,以每一纳税年度的收入总额减除成本、费用以及损失后的余额,为应纳税所得额。

所称成本、费用,是指生产、经营活动中发生的各项直接支出和分配计入成本的间接费用以及销售费用、管理费用、财务费用;所称损失,是指生产、经营活动中发生的固定资产和存货的盘亏、毁损、报废损失,转让财产损失,坏账损失,自然灾害等不可抗力因素造成的损失以及其他损失。

取得经营所得的个人,没有综合所得的,计算其每一纳税年度的应纳税所得额时,应当减除费用 60 000 元、专项扣除、专项附加扣除以及依法确定的其他扣除。专项附加扣除在办理汇算清缴时减除。

在个人税收递延型商业养老保险试点区域内，取得个体工商户生产经营所得、对企事业单位的承包承租经营所得的个体工商户业主、个人独资企业投资者、合伙企业自然人合伙人和承包承租经营者，其缴纳的税收递延型商业养老保险保费准予在申报扣除当年计算应纳税所得额时予以限额据实扣除，扣除限额按照不超过当年应税收入的6%和12 000元孰低办法确定。

从事生产、经营活动，未提供完整、准确的纳税资料，不能正确计算应纳税所得额的，由主管税务机关核定应纳税所得额或者应纳税额。

个人独资企业的投资者以全部生产经营所得为应纳税所得额；合伙企业的投资者按照合伙企业的全部生产经营所得和合伙协议约定的分配比例，确定应纳税所得额，合伙协议没有约定分配比例的，以全部生产经营所得和合伙人数量平均计算每个投资者的应纳税所得额。

上述所称生产经营所得，包括企业分配给投资者个人的所得和企业当年留存的所得(利润)。

对个体工商户业主、个人独资企业和合伙企业自然人投资者的生产经营所得依法计征个人所得税时，个体工商户业主、个人独资企业和合伙企业是自然人投资者本人的费用扣除标准统一确定为60 000元/年(5 000元/月)。

对企事业单位的承包经营、承租经营所得，以每一纳税年度的收入总额，减除必要费用后的余额，为应纳税所得额。每一纳税年度的收入总额，是指纳税义务人按照承包经营、承租经营合同规定分得的经营利润和工资、薪金性质的所得；所说的减除必要费用，是指按年减除60 000元。

(4)财产租赁所得，每次收入不超过4 000元的，减除费用800元；4 000元以上的，减除20%的费用，其余额为应纳税所得额。

(5)财产转让所得，以转让财产的收入额减除财产原值和合理费用后的余额，为应纳税所得额。财产原值，是指：

①有价证券，为买入价以及买入时按照规定缴纳的有关费用。

②建筑物，为建造费或者购进价格以及其他有关费用。

③土地使用权，为取得土地使用权所支付的金额、开发土地的费用以及其他有关费用。

④机器设备、车船，为购进价格、运输费、安装费以及其他有关费用。

⑤其他财产，参照以上方法确定。

纳税义务人未提供完整、准确的财产原值凭证，不能正确计算财产原值的，由主管税务机关核定其财产原值。

合理费用，是指卖出财产时按照规定支付的有关费用。

(6)利息、股息、红利所得和偶然所得，以每次收入额为应纳税所得额。

(7)专项附加扣除标准。

专项附加扣除是本次税法修订引入新的费用扣除标准，遵循公平合理、利于民生、简便易行的原则，目前包含了子女教育、继续教育、大病医疗、住房贷款利息或者住房租金、赡养老人等6项支出，并将根据教育、医疗、住房、养老等民生支出变化情况，适时调整专项附加扣除的范围和标准。取得综合所得和经营所得的居民个人可以享受专项附加扣除。

①子女教育。

纳税人年满3岁的子女接受学前教育和学历教育的相关支出，按照每个子女每月1 000元(每年12 000元)的标准定额扣除。

学前教育包括年满3岁至小学入学前教育；学历教育包括义务教育(小学、初中教育)、高中阶段教育(普通高中、中等职业、技工教育)、高等教育(大学专科、大学本科、硕士研究生、博士研究生教育)。

父母可以选择由其中一方按扣除标准的100%扣除，也可以选择由双方分别按扣除标准的50%扣除，具体扣除方式在一个纳税年度内不能变更。

纳税人子女在中国境外接受教育的，纳税人应当留存境外学校录取通知书、留学签证等相关教育的证明资料备查。

②继续教育。

纳税人在中国境内接受学历(学位)继续教育的支出，在学历(学位)教育期间按照每月400元(每年4 800元)定额扣除。同一学历(学位)继续教育的扣除期限不能超过48个月(4年)。纳税人接受技能人员职业资格继续教育、专业技术人员职业资格继续教育支出，在取得相关证书的当年，按照3 600元定额扣除。

个人接受本科及以下学历(学位)继续教育，符合税法规定扣除条件的，可以选择由其父母扣除，也可以选择由本人扣除。

纳税人接受技能人员职业资格继续教育、专业技术人员职业资格继续教育的，应当留存相关证书等资料备查。

③大病医疗。

在一个纳税年度内，纳税人发生的与基本医保相关的医药费用支出，扣除医保报销后个人负担(指医保目录范围内的自付部分)累计超过15 000元的部分，由纳税人在办理年度汇算清缴时，在80 000元限额内据实扣除。

纳税人发生的医药费用支出可以选择由本人或者其配偶扣除；未成年子女发生的医药费用支出可以选择由其父母一方扣除。纳税人及其配偶、未成年子女发生的医药费用支出，应按前述规定分别计算扣除额。

纳税人应当留存医药服务收费及医保报销相关票据原件(或复印件)等资料备查。医疗保障部门应当向患者提供在医疗保障信息系统记录的本人年度医药费用信息查询服务。

④住房贷款利息。

纳税人本人或配偶，单独或共同使用商业银行或住房公积金个人住房贷款，为本人或其配偶购买中国境内住房，发生的首套住房贷款利息支出，在实际发生贷款利息的年度，按照每月1 000元(每年12 000元)的标准定额扣除，扣除期限最长不超过240个月(20年)。纳税人只能享受一套首套住房贷款利息扣除。

所称首套住房贷款是指购买住房享受首套住房贷款利率的住房贷款。

经夫妻双方约定，可以选择由其中一方扣除，具体扣除方式在确定后，一个纳税年度内不得变更。

夫妻双方婚前分别购买住房发生的首套住房贷款，其贷款利息支出，婚后可以选择其中一套购买的住房，由购买方按扣除标准的100%扣除，也可以由夫妻双方对各自购买的住房分别按扣除标准的50%扣除，具体扣除方式在一个纳税年度内不能变更。

纳税人应当留存住房贷款合同、贷款还款支出凭证备查。

⑤住房租金。

纳税人在主要工作城市没有自有住房而发生的住房租金支出，可以按照以下标准定额扣除：

直辖市、省会（首府）城市、计划单列市以及国务院确定的其他城市，扣除标准为每月 1 500 元（每年 18 000 元）。除上述所列城市外，市辖区户籍人口超过 100 万的城市，扣除标准为每月 1 100 元（每年 13 200 元）；市辖区户籍人口不超过 100 万的城市，扣除标准为每月 800 元（每年 9 600 元）。

市辖区户籍人口，以国家统计局公布的数据为准。

所称主要工作城市是指纳税人任职受雇的直辖市、计划单列市、副省级城市、地级市（地区、州、盟）全部行政区域范围；纳税人无任职受雇单位的，为受理其综合所得汇算清缴的税务机关所在城市。

夫妻双方主要工作城市相同的，只能由一方扣除住房租金支出。

住房租金支出由签订租赁住房合同的承租人扣除。

纳税人及其配偶在一个纳税年度内不得同时分别享受住房贷款利息专项附加扣除和住房租金专项附加扣除。

纳税人应当留存住房租赁合同、协议等有关资料备查。

⑥赡养老人。

纳税人赡养一位及以上被赡养人的赡养支出，统一按以下标准等额扣除：

纳税人为独生子女的，按照每月 2 000 元（每年 24 000 元）的标准定额扣除；纳税人为非独生子女的，由其与兄弟姐妹分摊每月 2 000 元（每年 24 000 元）的扣除额度，每人分摊的额度最高不得超过每月 1 000 元（每年 12 000 元）。可以由赡养人均摊或者约定分摊，也可以由被赡养人指定分摊。约定或者指定分摊的须签订书面分摊协议，指定分摊优于约定分摊。具体分摊方式和额度在一个纳税年度内不得变更。

所称被赡养人是指年满 60 岁的父母，以及子女均已去世的年满 60 岁的祖父母、外祖父母。

（三）应纳税所得额的其他规定

（1）劳务报酬所得、稿酬所得、特许权使用费所得以收入减除 20% 的费用后的余额为收入额。稿酬所得的收入额减按 70% 计算。个人兼有不同的劳务报酬所得，应当分别减除费用，计算缴纳个人所得税。

（2）个人将其所得对教育、扶贫、济困等公益慈善事业进行捐赠，捐赠额未超过纳税人申报的应纳税所得额 30% 的部分，可以从其应纳税所得额中扣除；国务院规定对公益慈善事业捐赠实行全额税前扣除的，从其规定。

所称个人将其所得对教育、扶贫、济困等公益慈善事业进行捐赠，是指个人将其所得通过中国境内的公益性社会组织、国家机关向教育、扶贫、济困等公益慈善事业的捐赠；所称应纳税所得额，是指计算扣除捐赠额之前的应纳税所得额。

（3）个人所得的形式，包括现金、实物、有价证券和其形式的经济利益；所得为实物的，应当按照取得的凭证上所注明的价格计算应纳税所得额，无凭证的实物或者凭证上所注明的价格明显偏低的，参照市场价格核定应纳税所得额；所得为有价证券的，根据票面价格和市场价格核定应纳税所得额;所得为其他形式的经济利益的,参照市场价格核定应纳税所得额。

(4)居民个人从中国境外取得的所得,可以从其应纳税额中抵免已在境外缴纳的个人所得税税额,但抵免额不得超过该纳税人境外所得依照《个人所得税法》规定计算的应纳税额。

(5)所得为人民币以外货币的,按照办理纳税申报或者扣缴申报的上一月最后一日人民币汇率中间价,折合成人民币计算应纳税所得额。年度终了后办理汇算清缴的,对已经按月、按季或者按次预缴税款的人民币以外货币所得,不再重新折算;对应当补缴税款的所得部分,按照上一纳税年度最后一日人民币汇率中间价,折合成人民币计算应纳税所得额。

(6)对个人从事技术转让、提供劳务等过程中所支付的中介费,如能提供有效、合法凭证的,允许从其所得中扣除。

【例 1-4-1】陈某 2019 年收入情况如下:全年工资薪金收入 160 000 元,“三险一金”等专项扣除为 4 000 元/月,陈某夫妇有 1 个女儿正在上小学,夫妻双方约定子女教育专项附加扣除由陈某按扣除标准的 100% 扣除。另外,陈某全年取得劳务报酬收入 50 000 元,稿酬收入 30 000 元。其他资料:居民个人全年应纳税所得额超过 36 000 元至 144 000 元的部分,适用税率 10%,速算扣除数 2 520 元。

要求:

(1)计算陈某 2019 年综合所得应缴纳的个人所得税税额。

(2)计算陈某劳务报酬收入应预扣预缴个人所得税税额。

(3)计算陈某稿酬收入应预扣预缴个人所得税税额。

计算:

(1)全年收入额 = 160 000 + 50 000 × 80% + 30 000 × 56% = 216 800(元)

应纳税所得额 = 216 800 − 60 000 − 4 500 × 12 − 1 000 × 12 = 96 800(元)

全年应纳个人所得税额 = 96 800 × 10% − 2 520 = 7 160(元)

(2)劳务报酬预缴税额 = 50 000 × 80% × 30% − 2 000 = 10 000(元)

(3)稿酬预缴税额 = 30 000 × 80% × 70% × 20% = 3 360(元)

第三节 税收优惠

《个人所得税法》及其实施条例以及财政部、国家税务总局的若干规定等,都对个人所得项目给予了减税免税的优惠,主要有:

一、免征个人所得税的优惠

(1)省级人民政府、国务院部委和中国人民解放军军以上单位,以及外国组织颁发(颁布)的科学、教育、技术、文化、卫生、体育、环境保护等方面的奖金(奖学金)。

(2)国债和国家发行的金融债券利息。国债利息,是指个人持有中华人民共和国财政部发行的债券而取得的利息所得和 2012 年及以后年度发行的地方政府债券(以省、自治区、直辖市和计划单列市政府为发行和偿还主体)利息所得;国家发行的金融债券利息,是指个人持有经国务院批准发行的金融债券而取得的利息所得。

(3)按照国家统一规定发给的补贴、津贴。按照国家统一规定发给的补贴、津贴,是指按照国务院规定发给的政府特殊津贴、院士津贴,以及国务院规定免予缴纳个人所得税的其他补贴、津贴。

(4)福利费、抚恤金、救济金。福利费,是指根据国家有关规定,从企业、事业单位、国家机关、社会团体提留的福利费或者工会经费中支付给个人的生活补助费;救济金,是指各级人民政府民政部门支付给个人的生活困难补助费。

(5)保险赔款。

(6)军人的转业费、复员费。对退役士兵按照《退役士兵安置条例》规定,取得的一次性退役金以及地方政府发放的一次性经济补助,免征个人所得税。

(7)按照国家统一规定发给干部、职工的安家费、退职费、退休工资、离休工资、离休生活补助费。

(8)依照我国有关法律规定应予免税的各国驻华使馆、领事馆的外交代表、领事官员和其他人员的所得。

上述"所得",是指依照《中华人民共和国外交特权与豁免条例》和《中华人民共和国领事特权与豁免条例》规定免税的所得。

(9)中国政府参加的国际公约以及签订的协议中规定免税的所得。

(10)对乡、镇(含乡、镇)以上人民政府或经县(含县)以上人民政府主管部门批准成立的有机构、有章程的见义勇为基金或者类似性质组织,奖励见义勇为者的奖金或奖品,经主管税务机关核准,免征个人所得税。

(11)企业和个人按照省级以上人民政府规定的比例缴付的住房公积金、医疗保险金、基本养老保险金、失业保险金,允许在个人应纳税所得额中扣除,免予征收个人所得税。超过规定的比例缴付的部分并入个人当期的工资、薪金收入,计征个人所得税。

个人领取原提存的住房公积金、医疗保险金、基本养老保险金时,免予征收个人所得税。

对按照国家或省级地方政府规定的比例缴付的住房公积金、医疗保险金、基本养老保险金和失业保险金存入银行个人账户所取得的利息收入,免征个人所得税。

(12)对个人取得的教育储蓄存款利息所得以及国务院财政部门确定的其他专项储蓄存款或者储蓄性专项基金存款的利息所得,免征个人所得税。自2008年10月9日起,对居民储蓄存款利息,暂免征收个人所得税。

(13)储蓄机构内从事代扣代缴工作的办税人员取得的扣缴利息税手续费所得,免征个人所得税。

(14)生育妇女按照县级以上人民政府根据国家有关规定制定的生育保险办法,取得的生育津贴、生育医疗费或其他属于生育保险性质的津贴、补贴,免征个人所得税。

对工伤职工及其近亲属按照《工伤保险条例》规定取得的工伤保险待遇,免征个人所得税。工伤保险待遇,包括工伤职工按照该条例规定取得的一次性伤残补助金、伤残津贴、一次性工伤医疗补助金、一次性伤残就业补助金、工伤医疗待遇、住院伙食补助费、外地就医交通食宿费用、工伤康复费用、辅助器具费用、生活护理费等,以及职工因工死亡,其近亲属按照该条例规定取得的丧葬补助金、供养亲属抚恤金和一次性工亡补助金等。

(15)对个体工商户或个人,以及个人独资企业和合伙企业从事种植业、养殖业、饲养业和捕捞业(以下简称"四业"),取得的"四业"所得暂不征收个人所得税。

(16)个人举报、协查各种违法、犯罪行为而获得的奖金。

(17)个人办理代扣代缴税款手续,按规定取得的扣缴手续费。

(18)个人转让自用达5年以上并且是唯一的家庭居住用房取得的所得。

(19)按《国务院关于高级专家离休退休若干问题的暂行规定》和《国务院办公厅关于杰出高级专家暂缓离休审批问题的通知》精神,达到离休、退休年龄,但确因工作需要,适当延长离休、退休年龄的高级专家,其在延长离休、退休期间的工资、薪金所得,视同退休工资、离休工资免征个人所得税。

(20)外籍个人从外商投资企业取得的股息、红利所得。

(21)凡符合下列条件之一的外籍专家取得的工资、薪金所得可免征个人所得税:

①根据世界银行专项贷款协议由世界银行直接派往我国工作的外国专家。

②联合国组织直接派往我国工作的专家。

③为联合国援助项目来华工作的专家。

④援助国派往我国专为该国无偿援助项目工作的专家,除工资、薪金外,其取得的生活津贴也免税。

⑤根据两国政府签订文化交流项目来华工作 2 年以内的文教专家,其工资、薪金所得由该国负担的。此外,外国来华文教专家,在我国服务期间,由我方发工资、薪金,并对其住房、使用汽车、医疗实行免费“三包”,可只就工资、薪金所得按照税法规定征收个人所得税;对我方免费提供的住房、使用汽车、医疗,可免予计算纳税。

⑥根据我国大专院校国际交流项目来华工作 2 年以内的文教专家,其工资、薪金所得由该国负担的。

⑦通过民间科研协定来华工作的专家,其工资、薪金所得由该国政府机构负担的。

(22)对被拆迁人按照国家有关城镇房屋拆迁管理办法规定的标准取得的拆迁补偿款(含因棚户区改造而取得的拆迁补偿款),免征个人所得税。

(23)对个人投资者从投保基金公司取得的行政和解金,暂免征收个人所得税。

(24)个人从公开发行和转让市场取得的上市公司股票,持股期限超过 1 年的,股息红利所得暂免征收个人所得税。个人从公开发行和转让市场取得的上市公司股票,持股期限在 1 个月以内(含 1 个月)的,其股息红利所得全额计入应纳税所得额;持股期限在 1 个月以上至 1 年(含 1 年)的,暂减按 50% 计入应纳税所得额;上述所得统一适用 20% 的税率计征个人所得税。本规定自 2015 年 9 月 8 日起施行。

自 2019 年 7 月 1 日起至 2024 年 6 月 30 日止,全国中小企业股份转让系统挂牌公司股息红利差别化个人所得税政策也按上述政策执行。

(25)个人取得的下列中奖所得,暂免征收个人所得税:单张有奖发票奖金所得不超过 800 元(含 800 元)的,暂免征收个人所得税;个人取得单张有奖发票奖金所得超过 800 元的,应全额按照个人所得税法规定的“偶然所得”项目征收个人所得税。

(26)购买社会福利有奖募捐奖券、体育彩票一次中奖收入不超过 10 000 元的暂免征收个人所得税,对一次中奖收入超过 10 000 元的,应按税法规定全额征税。

(27)乡镇企业的职工和农民取得的青苗补偿费,属种植业的收益范围,同时,也属经济损失的补偿性收入,暂不征收个人所得税。

(28)对由亚洲开发银行支付给我国公民或国民(包括为亚洲开发银行执行任务的专家)的薪金和津贴,凡经亚洲开发银行确认这些人员为亚洲开发银行雇员或执行项目专家的,其取得的符合我国税法规定的有关薪金和津贴等报酬,免征个人所得税。

(29)经国务院财政部门批准免税的所得。

二、减征个人所得税的优惠

(1)个人投资者持有2019—2023年发行的铁路债券取得的利息收入,减按50%计入应纳税所得额计算征收个人所得税。税款由兑付机构在向个人投资者兑付利息时代扣代缴。铁路债券是指以中国铁路总公司为发行和偿还主体的债券,包括中国铁路建设债券、中期票据、短期融资券等债务融资工具。

(2)自2019年1月1日起至2023年12月31日,一个纳税年度内在船航行时间累计满183天的远洋船员,其取得的工资薪金收入减按50%计入应纳税所得额,依法缴纳个人所得税。

所称的远洋船员是指在海事管理部门依法登记注册的国际航行船舶船员和在渔业管理部门依法登记注册的远洋渔业船员。在船航行时间是指远洋船员在国际航行或作业船舶和远洋渔业船舶上的工作天数。一个纳税年度内的在船航行时间为一个纳税年度内在船航行时间的累计天数。远洋船员可选择在当年预扣预缴税款,或者次年个人所得税汇算清缴时享受上述减征优惠政策。

(3)有下列情形之一的,可以减征个人所得税,具体幅度和期限,由省、自治区、直辖市人民政府规定,并报同级人民代表大会常务委员会备案:

①残疾、孤老人员和烈属的所得。

②因严重自然灾害造成重大损失的。

国务院可以规定其他减税情形,报全国人民代表大会常务委员会备案。

第四节 征收管理

个人所得税的纳税办法,全国通用实行的有自行申报纳税和全员全额扣缴申报纳税两种。此外,税收征管法还对无法查账征收的纳税人规定了核定征收的方式,但由于核定征收由各地税务局依据自身情况制定当地的细则,因此本书就此部分内容不作详述。

自行申报纳税,是由纳税人自行在税法规定的纳税期限内,向税务机关申报取得的应税所得项目和数额,如实填写个人所得税纳税申报表,并按照税法规定计算应纳税额,据此缴纳个人所得税的一种方法。

(一)有下列情形之一的,纳税人应当依法办理纳税申报

(1)取得综合所得需要办理汇算清缴。

(2)取得应税所得没有扣缴义务人。

(3)取得应税所得,扣缴义务人未扣缴税款。

(4)取得境外所得。

(5)因移居境外注销中国户籍。

(6)非居民个人在中国境内从两处以上取得工资、薪金所得。

(7)国务院规定的其他情形。

(二)取得综合所得需要办理汇算清缴的纳税申报

取得综合所得且符合下列情形之一的纳税人,应当依法办理汇算清缴:

(1)从两处以上取得综合所得,且综合所得年收入额减除专项扣除后的余额超过

6 万元。

(2)取得劳务报酬所得、稿酬所得、特许权使用费所得中一项或者多项所得,且综合所得年收入额减除专项扣除的余额超过 6 万元。

(3)纳税年度内预缴税额低于应纳税额。

(4)纳税人申请退税。

需要办理汇算清缴的纳税人,应当在取得所得的次年 3 月 1 日至 6 月 30 日内,向任职、受雇单位所在地主管税务机关办理纳税申报,并报送《个人所得税年度自行纳税申报表》。纳税人有两处以上任职、受雇单位的,选择向其中一处任职、受雇单位所在地主管税务机关办理纳税申报;纳税人没有任职、受雇单位的,向户籍所在地或经常居住地主管税务机关办理纳税申报。

纳税人办理综合所得汇算清缴,应当准备与收入、专项扣除、专项附加扣除、依法确定的其他扣除、捐赠、享受税收优惠等相关的资料,并按规定留存备查或报送。

纳税人办理汇算清缴退税或者扣缴义务人为纳税人办理汇算清缴退税的,税务机关审核后,按照国库管理的有关规定办理退税。纳税人申请退税时提供的汇算清缴信息有错误的,税务机关应当告知其更正;纳税人更正的,税务机关应当及时办理退税。纳税人申请退税,应当提供其在中国境内开设的银行账户,并在汇算清缴地就地办理税款退库。

在办理 2019 年度和 2020 年度的综合所得年度汇算清缴时,2019 年 1 月 1 日至 2020 年 12 月 31 日居民个人取得的综合所得,年度综合所得收入不超过 12 万元且需要汇算清缴补税的,或者年度汇算清缴补税金额不超过 400 元的,居民个人可免于办理个人所得税综合所得汇算清缴。居民个人取得综合所得时存在扣缴义务人未依法预扣预缴税款的情形除外。

在办理 2019 年度及以后年度的综合所得年度汇算清缴时,残疾、孤老人员和烈属取得综合所得办理汇算清缴且汇算清缴地与预扣预缴地规定不一致的,用预扣预缴地规定计算的减免税额与用汇算清缴地规定计算的减免税额相比较,按照孰高值确定减免税额。

(三)取得经营所得的纳税申报

个体工商户业主、个人独资企业投资者、合伙企业个人合伙人、承包承租经营者个人以及其他从事生产、经营活动的个人取得经营所得,包括以下情形:

(1)个体工商户从事生产、经营活动取得的所得,个人独资企业投资人、合伙企业的个人合伙人来源于境内注册的个人独资企业、合伙企业生产、经营的所得。

(2)个人依法从事办学、医疗、咨询以及其他有偿服务活动取得的所得。

(3)个人对企业、事业单位承包经营、承租经营以及转包、转租取得的所得。

(4)个人从事其他生产、经营活动取得的所得。

纳税人取得经营所得,按年计算个人所得税,由纳税人在月度或季度终了后 15 日内,向经营管理所在地主管税务机关办理预缴纳税申报,并报送《个人所得税经营所得纳税申报表(A 表)》。在取得所得的次年 3 月 31 日前,向经营管理所在地主管税务机关办理汇算清缴,并报送《个人所得税经营所得纳税申报表(B 表)》;从两处以上取得经营所得的,选择向其中一处经营管理所在地主管税务机关办理年度汇总申报,并报送《个人所得税经营所得纳税申报表(C 表)》。

（四）取得应税所得，扣缴义务人未扣缴税款的纳税申报

纳税人取得应税所得，扣缴义务人未扣缴税款的，应当区别以下情形办理纳税申报：

（1）居民个人取得综合所得的，且符合前述第（一）项所述情形的，应当依法办理汇算清缴。

（2）非居民个人取得工资、薪金所得，劳务报酬所得，稿酬所得，特许权使用费所得的，应当在取得所得的次年6月30日前，向扣缴义务人所在地主管税务机关办理纳税申报，并报送《个人所得税自行纳税申报表（A表）》。有两个以上扣缴义务人均未扣缴税款的，选择向其中一处扣缴义务人所在地主管税务机关办理纳税申报。

非居民个人在次年6月30日前离境（临时离境除外）的，应当在离境前办理纳税申报。

（3）纳税人取得利息、股息、红利所得，财产租赁所得，财产转让所得和偶然所得的，应当在取得所得的次年6月30日前，按相关规定向主管税务机关办理纳税申报，并报送《个人所得税自行纳税申报表（A表）》。

税务机关通知限期缴纳的，纳税人应当按照期限缴纳税款。

纳税人取得应税所得没有扣缴义务人的，应当在取得所得的次月十五日内向税务机关报送纳税申报表，并缴纳税款。

（五）取得境外所得的纳税申报

居民个人从中国境外取得所得的，应当在取得所得的次年3月1日至6月30日内，向中国境内任职、受雇单位所在地主管税务机关办理纳税申报；在中国境内没有任职、受雇单位的，向户籍所在地或中国境内经常居住地主管税务机关办理纳税申报；户籍所在地与中国境内经常居住地不一致的，选择其中一地主管税务机关办理纳税申报；在中国境内没有户籍的，向中国境内经常居住地主管税务机关办理纳税申报。

（六）因移居境外注销中国户籍的纳税申报

纳税人因移居境外注销中国户籍的，应当在申请注销中国户籍前，向户籍所在地主管税务机关办理纳税申报，进行税款清算。

（1）纳税人在注销户籍年度取得综合所得的，应当在注销户籍前，办理当年综合所得的汇算清缴，并报送《个人所得税年度自行纳税申报表》。尚未办理上一年度综合所得汇算清缴的，应当在办理注销户籍纳税申报时一并办理。

（2）纳税人在注销户籍年度取得经营所得的，应当在注销户籍前，办理当年经营所得的汇算清缴，并报送《个人所得税经营所得纳税申报表（B表）》。从两处以上取得经营所得的，还应当一并报送《个人所得税经营所得纳税申报表（C表）》。尚未办理上一年度经营所得汇算清缴的，应当在办理注销户籍纳税申报时一并办理。

（3）纳税人在注销户籍当年取得利息、股息、红利所得，财产租赁所得，财产转让所得和偶然所得的，应当在注销户籍前，申报当年上述所得的完税情况，并报送《个人所得税自行纳税申报表（A表）》。

（4）纳税人有未缴或者少缴税款的，应当在注销户籍前，结清欠缴或未缴的税款。纳税人存在分期缴税且未缴纳完毕的，应当在注销户籍前，结清尚未缴纳的税款。

（5）纳税人办理注销户籍纳税申报时，需要办理专项附加扣除、依法确定的其他扣除的，应当向税务机关报送《个人所得税专项附加扣除信息表》《商业健康保险税前扣除情况明细表》《个人税收递延型商业养老保险税前扣除情况明细表》等。

(七)非居民个人在中国境内从两处以上取得工资、薪金所得的纳税申报

非居民个人在中国境内从两处以上取得工资、薪金所得的,应当在取得所得的次月15日内,向其中一处任职、受雇单位所在地主管税务机关办理纳税申报,并报送《个人所得税自行纳税申报表(A表)》。

(八)纳税申报方式

纳税人可以采用远程办税端、邮寄等方式申报,也可以直接到主管税务机关申报。

(九)其他有关问题

(1)纳税人办理自行纳税申报时,应当一并报送税务机关要求报送的其他有关资料。首次申报或者个人基础信息发生变化的,还应报送《个人所得税基础信息表(B表)》。

(2)纳税人在办理纳税申报时需要享受税收协定待遇的,按照享受税收协定待遇有关办法办理。

小　结

个人所得税和人们的生活息息相关,直接影响实际收入。本章主要介绍了个人所得税的征税范围、纳税人、税率、应纳税额的计算及申报缴纳管理等内容,使读者对我国现行个人所得税制度形成完整而正确的理解,具备正确计算个人所得税应纳税额的能力。

思考与巩固

1. 居民纳税人与非居民纳税人的判断标准?
2. 简述工资、薪金所得等9个应税项目的具体内容。
3. 简述个人所得税减免税优惠的具体规定。

第二部分　模拟实训

本书以武汉浙科友通软件有限公司开发的税务综合实训平台为依托，利用系统案例中提供的业务数据和纳税申报表格建立一个全真的纳税模拟空间。

实训一　登录实训系统

实训目标

- 了解实训软件各功能模块内容。
- 熟悉软件登录流程。

1. 登录系统

双击桌面上的“浙科税务综合实训平台”快捷方式，进入系统登录界面，如图2-1-1所示。输入账号和密码，账号为学生学号，初始密码：123456。

小贴士：输入学号、密码时将登录界面的用户选定为学生端。

图2-1-1　系统登录界面

2. 熟悉功能选项卡及其功能

进入平台的主界面，如图2-1-2所示，左侧黑色栏为常用功能选项卡，包括“我的考试”“自我检测”“资源库”“实训教学”“实训训练”“我的收藏夹”“个人信息”七部分。

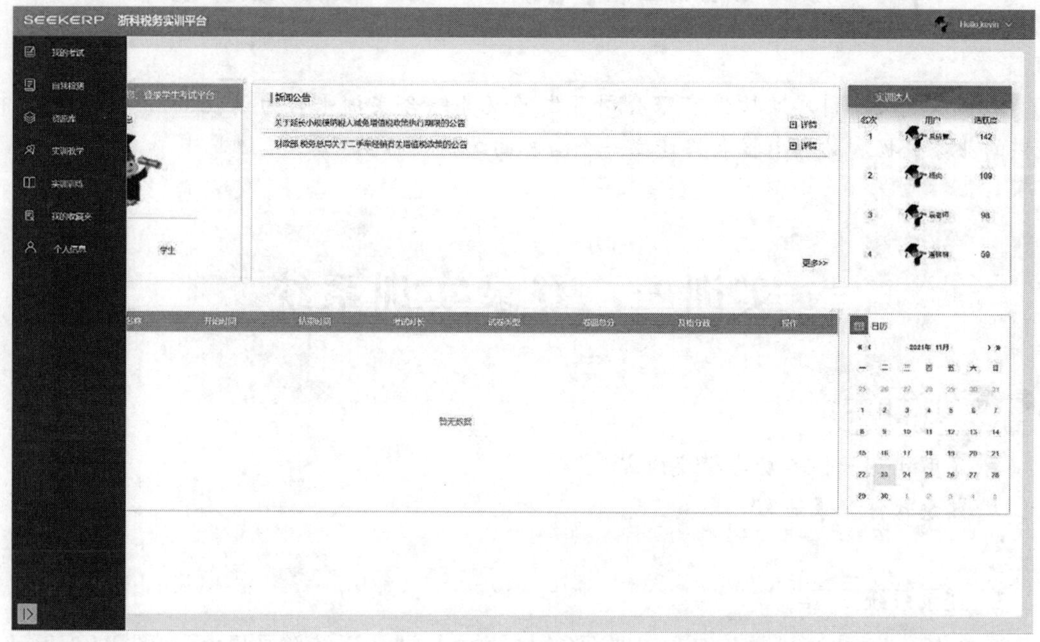

图2-1-2　平台主界面

(1)选择平台主界面左侧“我的考试”选项卡，单击实训老师所发布的试卷进行考试。亦可以对历史试卷进行查看，如图2-1-3所示。

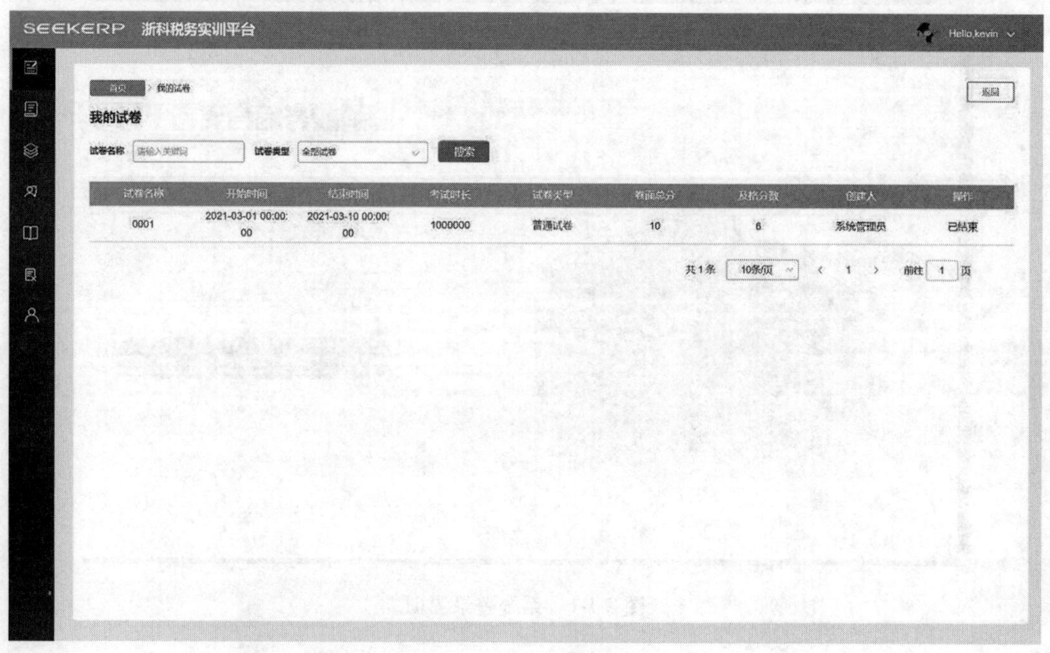

图2-1-3　考试界面

(2)选择平台主界面左侧“自我检测”选项卡,选择章节练习,如图 2-1-4 所示,可以按需求对税收实务各章节内容分别进行课程自测训练。

图 2-1-4　章节练习

(3)单击课程自测某章节标题,如“增值税”,在弹出的增值税自测页面中,如图 2-1-5 所示,单击右侧的“开始”按钮,即可进入章节自测考试界面进行自测练习,如图 2-1-6 所示。

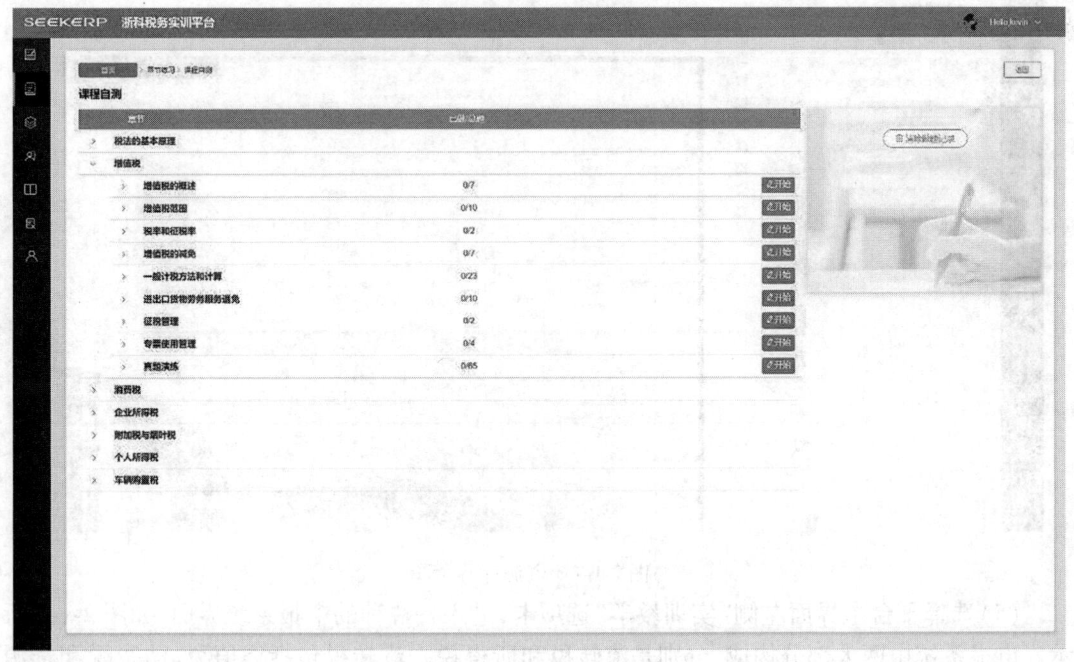

图 2-1-5　增值税各分节内容

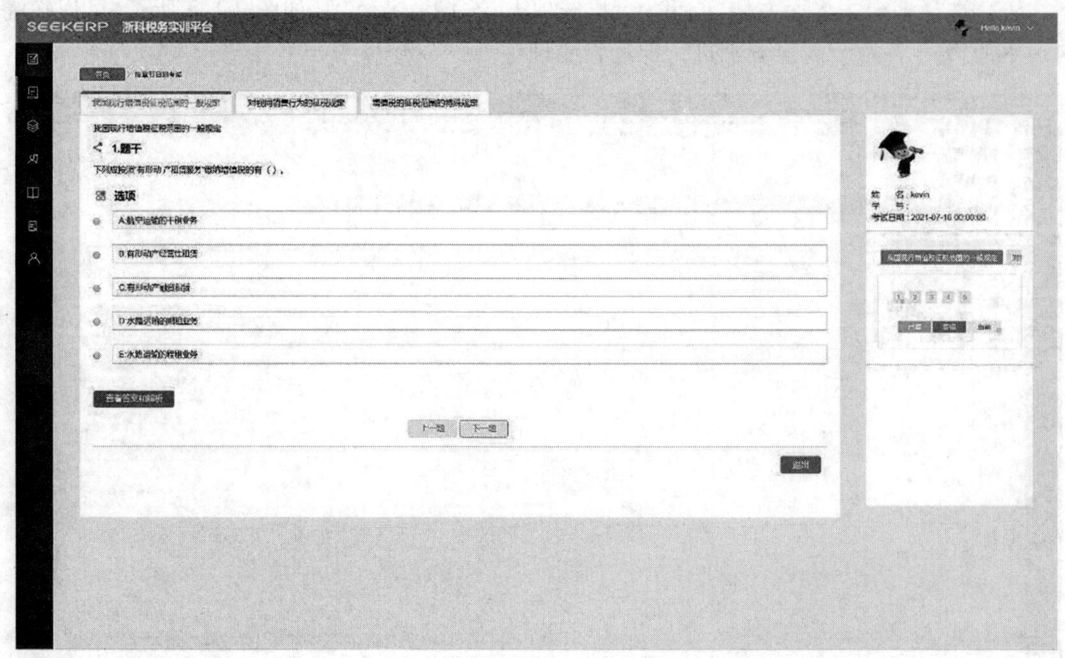

图 2-1-6　增值税自测试题

(4)选择平台主界面左侧“资源库”选项卡，在弹出的课程详情页面中可通过各税种课件进行自主学习，如图 2-1-7 所示。

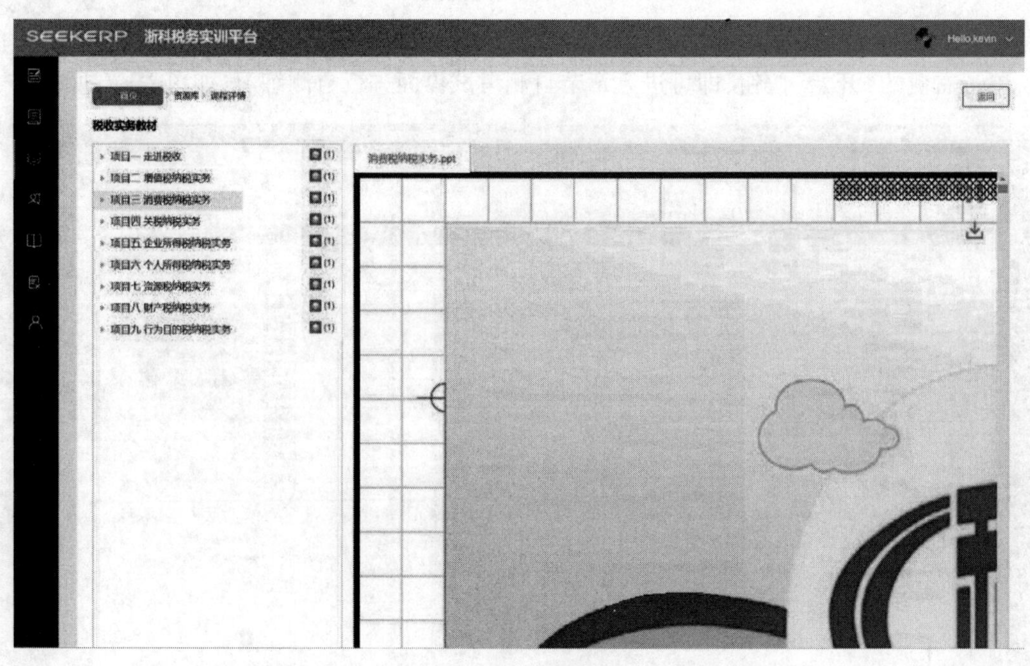

图 2-1-7　资源库界面

(5)选择平台主界面左侧“实训教学”选项卡，进入各税种的申报系统界面，如图 2-1-8 所示。申报系统由两大部分构成，分别是流转税和所得税。流转税包括增值税、消费税和资源税；所得税包括企业所得税和个人所得税。

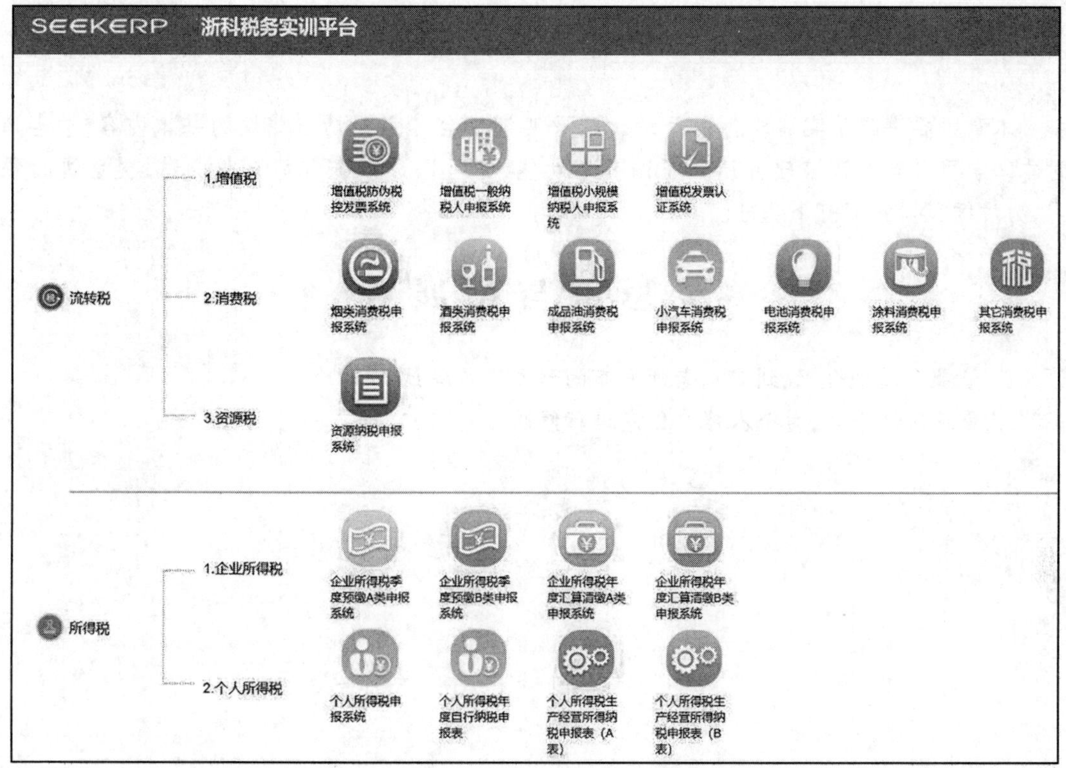

图 2-1-8 申报系统主界面

(6)选择常用功能中的“个人信息”选项卡,在弹出的页面中可以编辑个人账户信息、修改密码。其中,真实姓名为必填项,其他为选填项,如图 2-1-9 所示。

首页 > 账户信息

上传图片

用户名: 21dfef0217ab425c97fb80b8445781e2a

所属班级:

真实姓名: kevin *填写用户的真实姓名

积分: 0

证件编号:

联系电话:

电子信箱:

联系地址:

用户状态: 已通过

备注:

修改密码 确定

图 2-1-9 账户信息维护界面

小　结

本章主要讲解了实训软件的登录过程及实训平台各主要功能模块的基本内容，学生通过本章学习可以了解该软件所具备的基本功能，亦可以进入资源库自我测试，提前进行预习，为后续实训环节打下基础。

思考与拓展

1. 登录实训平台，找到实训老师发布的试卷进行考试。
2. 登录实训平台，对个人账户信息进行修改。

实训二　发 票 填 开

实训目标

- 了解增值税防伪税控发票系统构成。
- 掌握发票填开基本流程。

1. 发票读入

知识链接

发票读入是开具发票的前提，主要用于将企业购买的存放于金税盘中的电子发票读入到系统中。

(1) 进入系统主界面，如图 2-2-1 所示，单击“增值税防伪税控发票系统”，如图 2-2-2 所示。

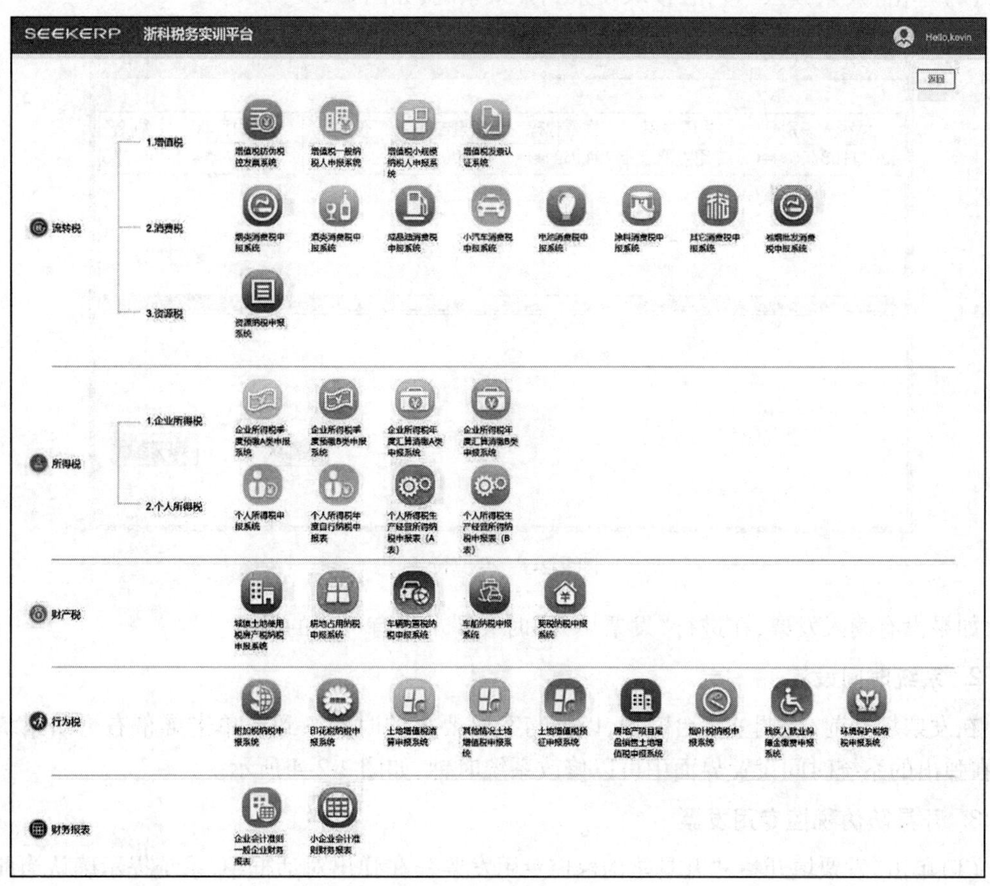

图 2-2-1　系统主界面

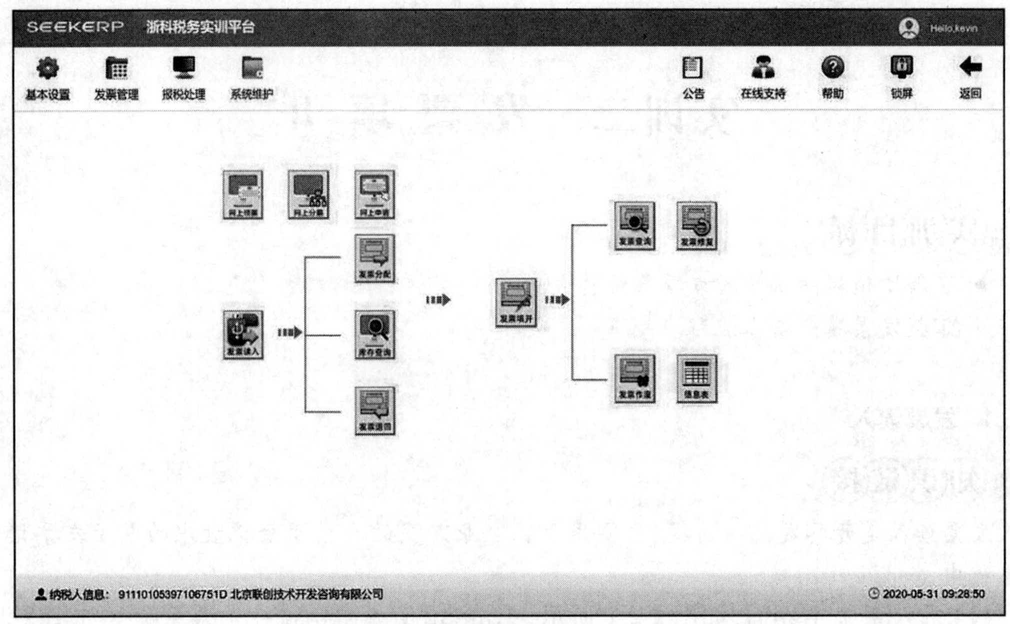

图 2-2-2　增值税防伪税控发票系统

（2）单击“发票读入”按钮，读取发票到开票系统，如图 2-2-3 所示。

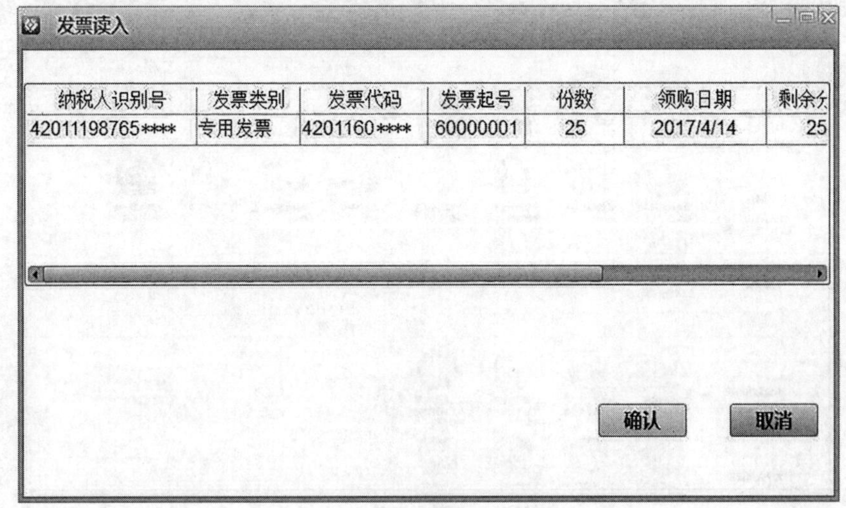

发票读入

纳税人识别号	发票类别	发票代码	发票起号	份数	领购日期	剩余ⁿ
42011198765****	专用发票	4201160****	60000001	25	2017/4/14	25

确认　取消

图 2-2-3　发票读入

如果没有读入发票，在进行“发票填开”时会提示没有可用的发票。

2. 系统时间设置

在发票填开前，先调整平台时钟，以便与案例要求的时间一致。单击屏幕右下角系统时间，在弹出的系统时间设置界面中可以修改系统时钟，如图 2-2-4 所示。

3. 开具防伪税控专用发票

（1）单击“发票填开”→“开具防伪税控专用发票”，在弹出对话框中，系统提示确认当前的发票代码、发票号码，确认与装入打印机的纸质发票的种类、代码、号码一致，如图 2-2-5 所示。

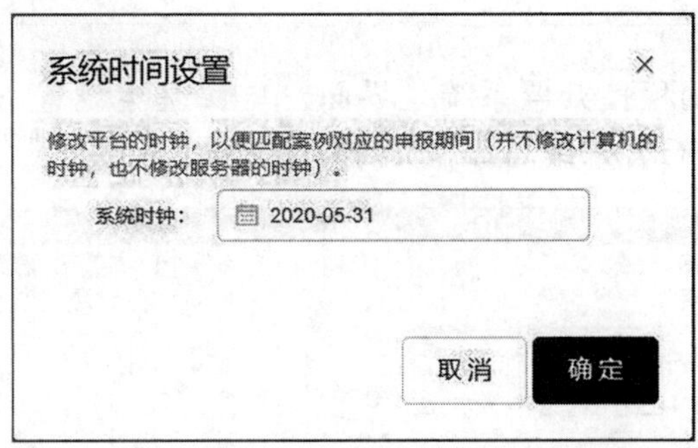

图 2-2-4　系统时间设置

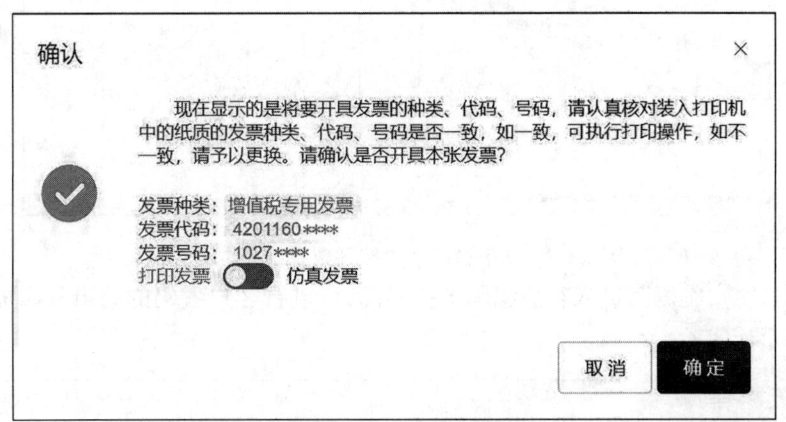

图 2-2-5　待开发票信息核对

（2）确认后单击“确定”按钮，进入发票开票界面，通过选取预先设置的客户，增行选取商品，输入数量，确定价格等信息后，可以进行打印等操作，如图 2-2-6 所示。

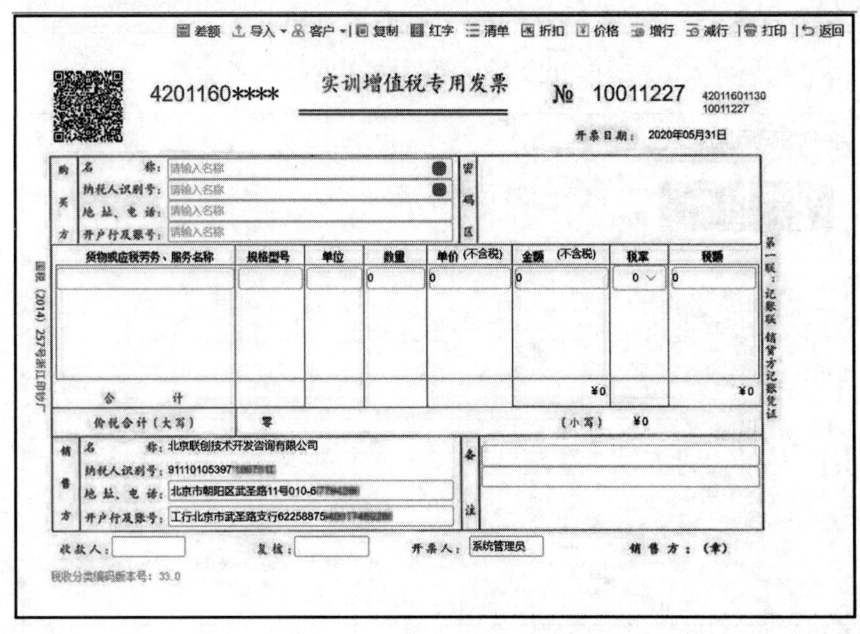

图 2-2-6　增值税专用发票开票

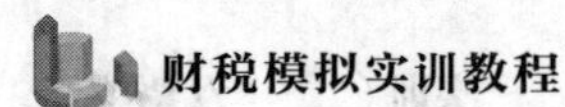

4. 系统基本设置

(1)进入增值税防伪税控开票系统主界面，单击“基本设置”进入参数设置界面，如图 2-2-7所示。也可以进行客户编码管理及商品编码设置。

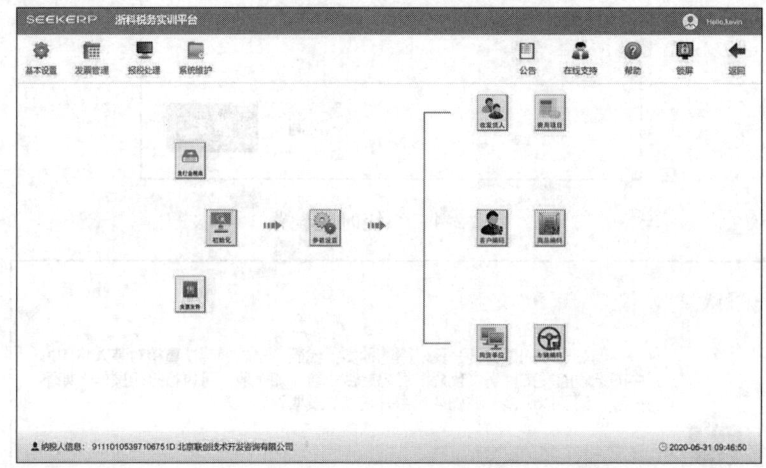

图 2-2-7　增值税防伪税控开票系统基本设置

(2)单击“客户编码”，进入客户编码维护界面，可进行客户编码的编辑及添加，如图 2-2-8和图 2-2-9 所示。

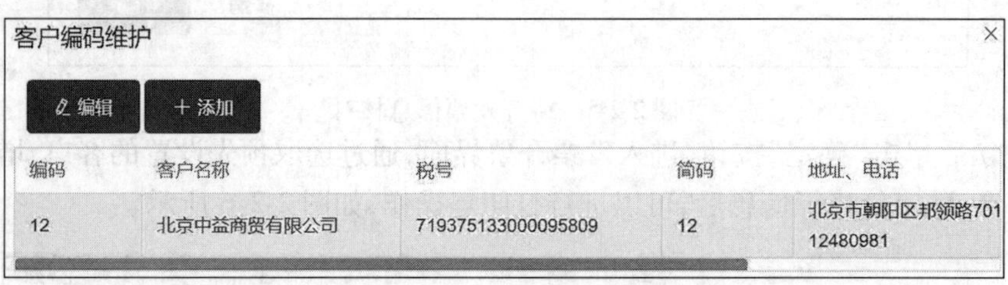

图 2-2-8　客户编码维护

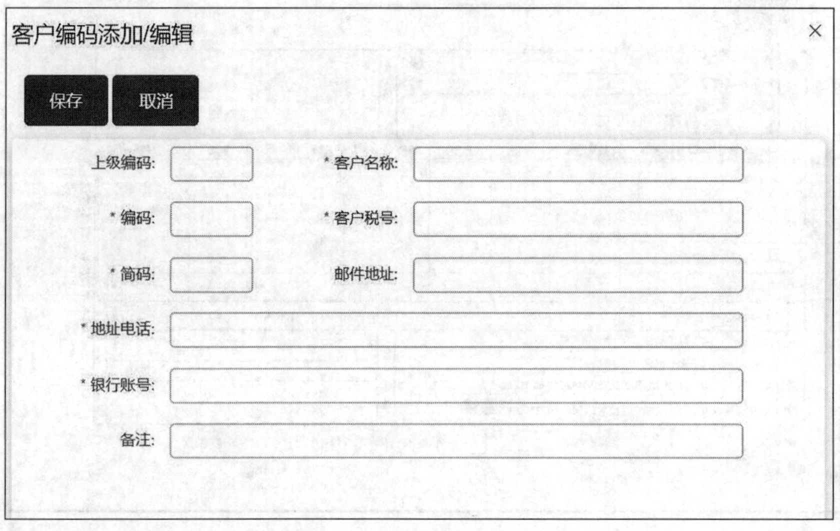

图 2-2-9　客户编码添加

知识链接

客户编码管理用来录入与企业发生业务关系、需要为其开具发票的客户信息，也可以对已录入的客户信息进行修改和删除。填开发票时，“购方信息”可以从该客户编码库中选取。

(3)单击基本设置中的商品编码图标，可进行商品编码维护及添加，如图2-2-10所示。如增加商品名称，设置税率、编码、规格型号、计量单位及是否享受税收优惠政策等信息。

商品编码添加

上级编码：
* 商品名称：
* 编码：1
商品税目：
简码：
* 税率：税率
规格型号：
单价：0
计量单位：
* 含税价标志：请选择
隐藏标志：请选择
* 税收分类编码：
税收分类名称：
享受优惠政策：请选择
优惠政策类型：请选择

保存 取消

图2-2-10 商品编码添加

5. 发票管理

进入增值税防伪税控开票系统主界面，单击“发票管理”图标，进入发票管理主界面，如图2-2-11所示。可进行发票读入、库存查询、发票查询及发票作废等操作。

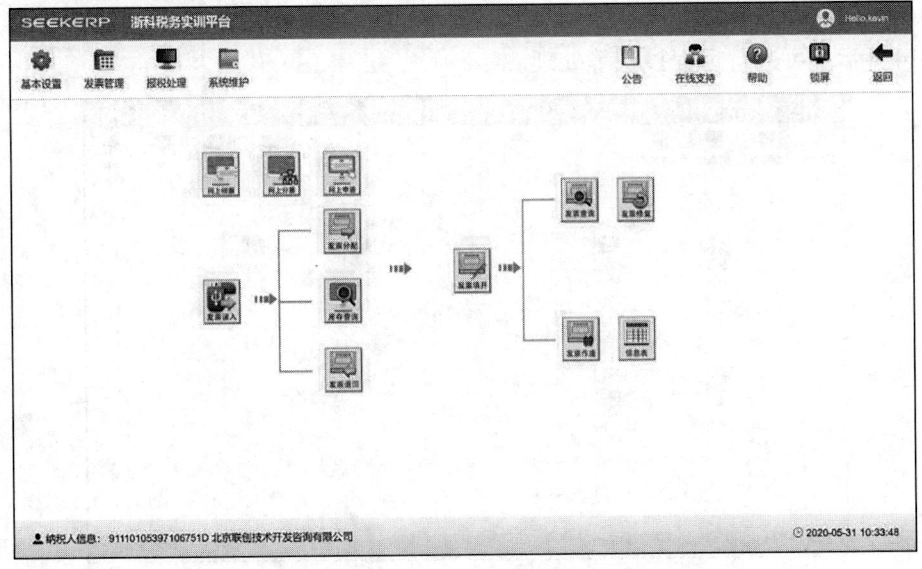

图2-2-11 发票管理主界面

进入发票管理主界面，单击“发票查询”图标，在弹出的发票查询页面中单击选择年月，可以根据发票填制日期查询出已开发票信息，如图 2-2-12 所示。

知识链接

发票库存查询功能用于查询系统中可用的各卷发票库存信息。企业在读入新购发票后可通过查询知道发票信息是否已正确读入，在开具了部分发票后可通过查询知道还有多少发票库存。

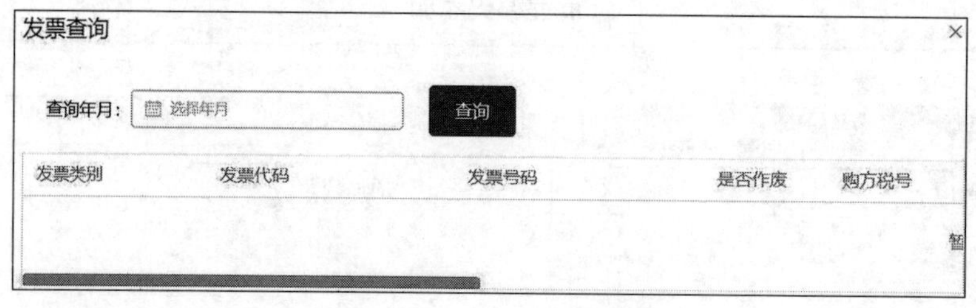

图 2-2-12　发票查询

进入发票管理主界面，单击“发票作废”图标，在弹出的发票作废页面中选择打算作废的发票项，单击“作废”按钮，可作废已开具的发票，如图 2-2-13 所示。

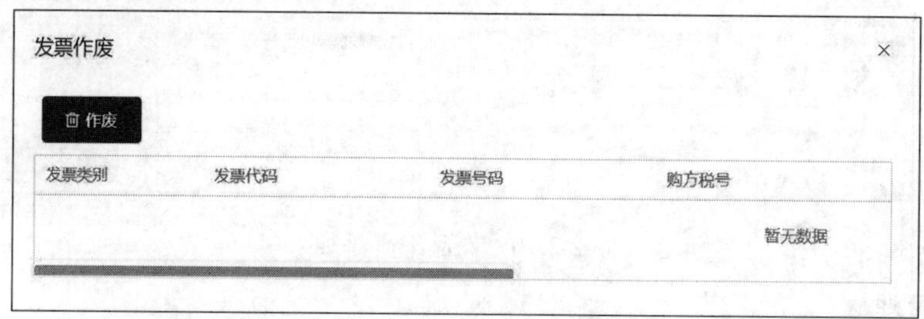

图 2-2-13　发票作废

6. 报税处理

进入增值税防伪税控开票系统主界面，单击“报税处理”，进入报税处理主界面，如图 2-2-14所示。可进行远程抄税等处理。

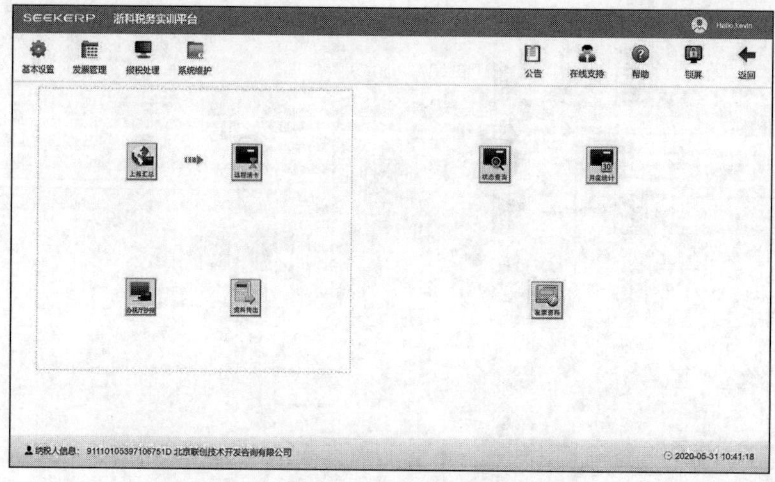

图 2-2-14　报税处理主界面

每月在申报期内需要进行网上抄税申报工作。在“报税处理”模块，找到“上报汇总”与“远程清卡”按钮。

先上报汇总，再远程清卡，如图 2-2-15 所示。

图 2-2-15　先上报汇总再远程清卡

知识链接

国家税务局规定，从购买金税盘的次月起，每个月月头必须进行一次征期抄报税。月初抄报税流程有以下两种情况：

情况一：上个月发票均已经上传成功（发票查询中查看报送状态），且与税务网络连接正常，则月初第一次登录防伪开票软件，会看到“金税设备已经完成清卡操作”的提示，证明已自动完成抄报。

情况二：上个月有未上传发票或税务网络连接异常的情况，则系统无法自动完成抄报税。可在网络连接正常情况下待发票上传完成后，单击“上报汇总”→“远程清卡”完成抄报税。清卡是将上月开票数据清零，清卡可以在网上操作，也可以到税务部门处理。

小　结

本章主要介绍了增值税防伪税控开票系统，通过本章的实训练习，使学生了解企业涉税业务处理前的基础准备工作，包括企业基础信息设置、报税系统参数设置，了解发票填开的基本流程。

思考与拓展

1. 什么情况下可以对发票进行作废？
2. 实训软件中的远程清卡在报税过程中起到什么作用？

实训三　增值税发票勾选确认

实训目标

- 理解增值税进项发票勾选确认的意义。
- 掌握增值税发票勾选确认操作流程。

增值税一般纳税人的进项发票采取当月勾选确认，次月申报抵扣。先调整平台时钟，使之与案例要求时期保持一致，再进行勾选、确认，已经确认过的发票，可以从发票查询里找到。

知识链接

进项发票勾选主要提供以查询和逐票勾选（支持同时勾选多份发票）的操作方式，实现纳税人选择次月征收期内用于申报抵扣（或退税）的增值税进项发票清单信息（包括增值税专用发票、货物运输业增值税专用发票、机动车销售统一发票）的功能。

“确认勾选”是对当月已勾选的发票信息进行确认操作，一旦确认成功，则视为当月的最终勾选结果，不再允许撤销或补充勾选发票，相关勾选保存和批量勾选操作功能按钮将自动锁定和屏蔽，相关功能需在次月 1 日方可再次使用。

1. 发票勾选

进入“发票勾选”模块，在右侧窗格中选择“发票勾选”选项卡对当月发票进行勾选，如图 2-3-1 所示。使之与案例要求时期保持一致。

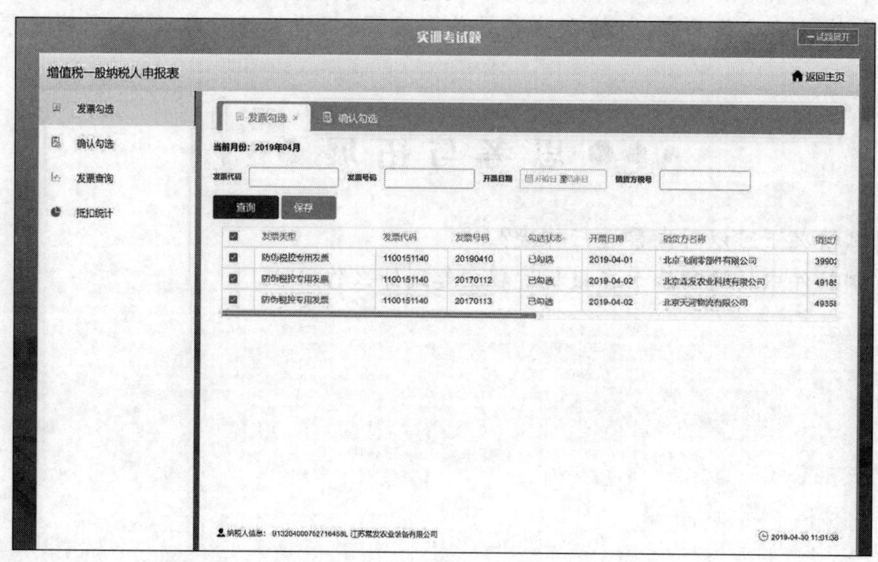

图 2-3-1　发票勾选

2. 确认勾选

进入“确认勾选”模块，选择“确认勾选”选项卡，对当月已勾选发票进行确认，如图 2-3-2 所示。

知识链接

此功能模块是对当月已勾选的发票信息进行确认操作，一旦确认成功，则视为当月的最终勾选结果，不再允许撤销或补充勾选发票，相关勾选保存和批量勾选操作功能按钮将自动锁定和屏蔽，相关功能需在次月1日方可再次使用。

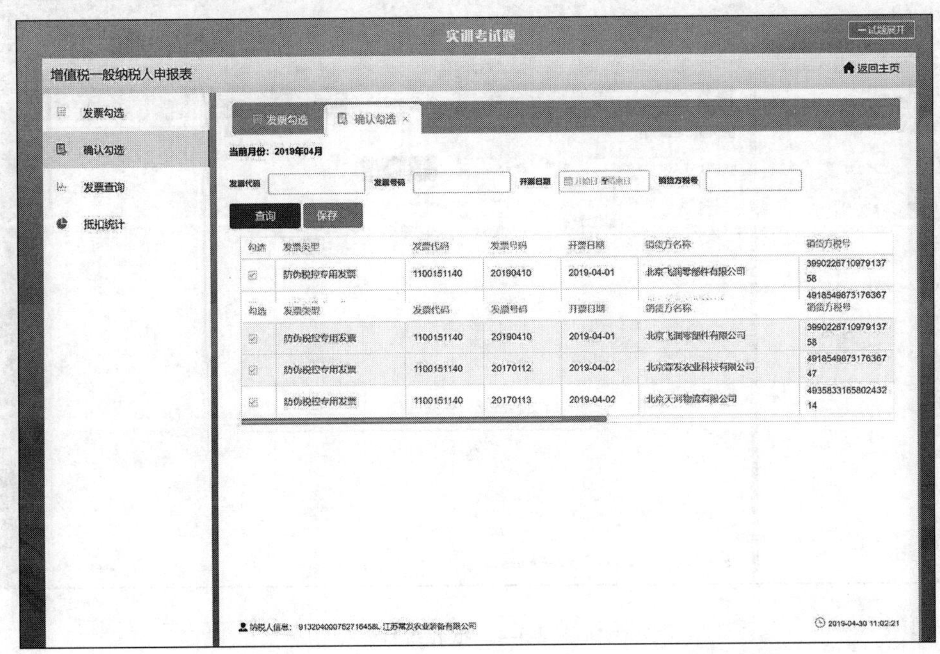

图 2-3-2　确认勾选

3. 进项发票查询及抵扣统计

进入“发票查询”模块，对当月已勾选确认发票进行查询，如图 2-3-3 所示。

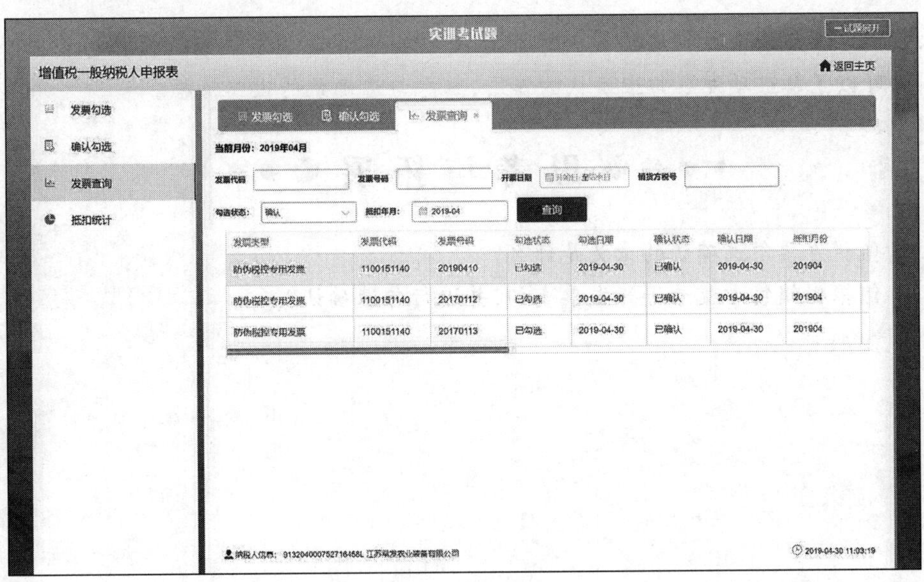

图 2-3-3　发票查询

小贴士:有多种发票查询方式,如根据发票代码、发票号码、开票日期、销售方税号进行查询。各查询方式亦可以组合的方式进行查询。

进入“抵扣统计”模块,可显示出当月已勾选确认发票数量及税额等信息,如图 2-3-4 所示。

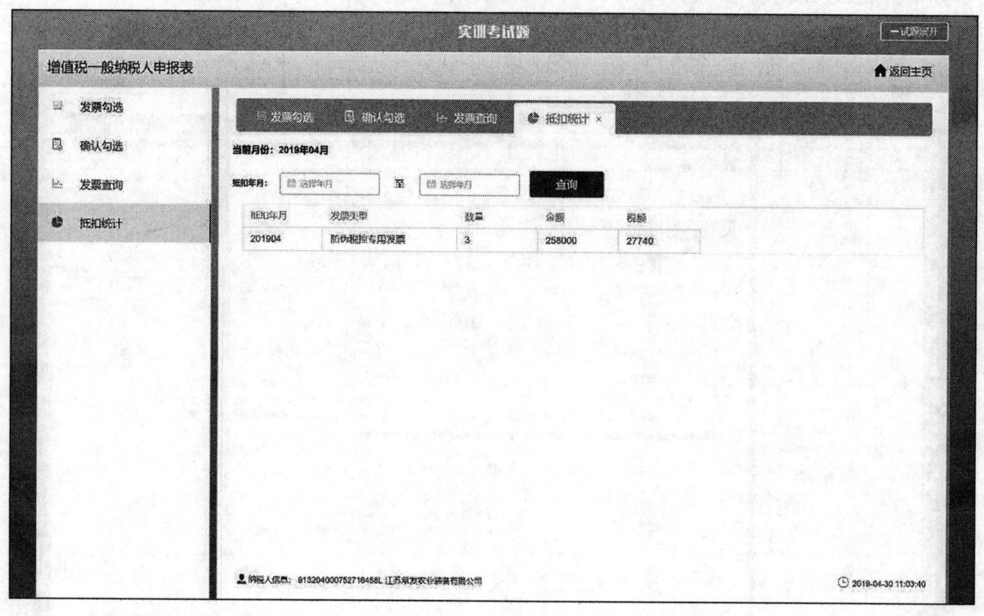

图 2-3-4 抵扣统计

这样就完成了增值税发票勾选的确认操作。

小 结

本章主要介绍增值税一般纳税人申报过程中的进项发票勾选确认操作过程,学生通过实训训练可以了解进项发票勾选确认的作用,熟悉勾选确认的操作流程。

思考与拓展

1. 增值税发票勾选确认的意义是什么?
2. 如何根据销售方税号进行发票查询,并进行勾选确认?

实训四　增值税一般纳税人申报

实训目标

- 掌握增值税一般纳税人应纳税额的计算。
- 掌握增值税一般纳税人网上申报与税款缴纳。

增值税网上申报包括小规模纳税人网上申报、一般纳税人网上申报。下面以一般纳税人网上申报为例进行说明。小规模纳税人的申报不需要进行发票采集。

在系统主界面中选择“实训训练”选项卡，进入增值税一般纳税人申报系统，如图 2-4-1 所示。按顺序进行发票采集、申报表填写、申报表发送、网上缴税、评分、成绩查询等。

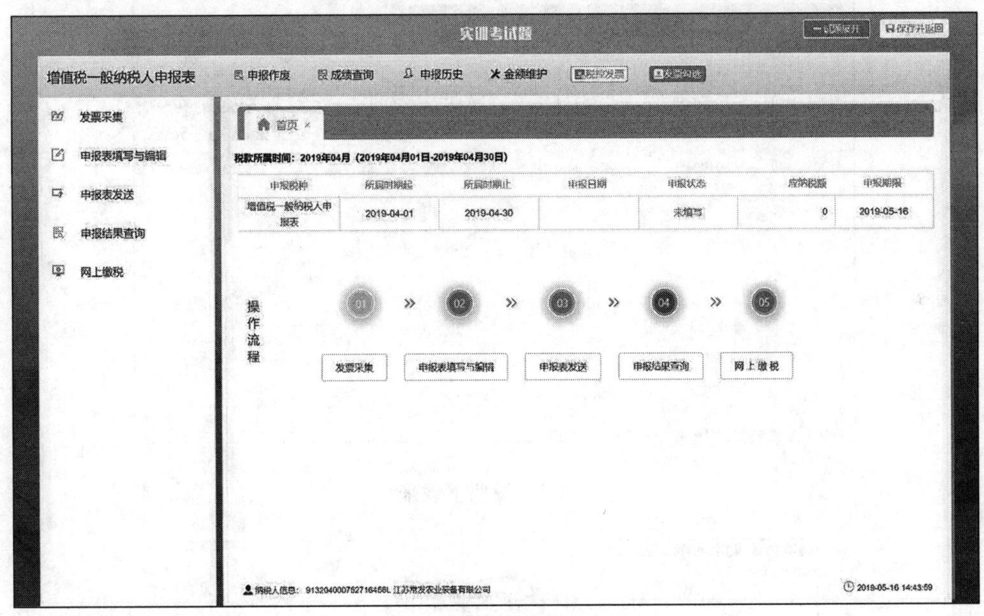

图 2-4-1　增值税一般纳税人申报系统

在进行一般纳税人申报时，根据案例的税款所属时期，调整平台时钟，使之与案例要求时期保持一致。

1. 发票采集

先进行发票资料的采集，进项发票包括防伪税控专用发票、税控机动车专用发票、海关缴款书、农副产品收购发票、农副产品取得发票、代扣代缴通用缴款书；销项发票包括增值税专用发票、税控机动车发票、增值税普通发票、无票视同销售、纳税检查调整，如图 2-4-2 所示。其中销项发票中的增值税专用发票与增值税普通发票可以直接通过下载进行采集。其他发票需要通过人工录入进行采集，如图 2-4-3 和图 2-4-4 所示。

图 2-4-2　发票采集主界面

图 2-4-3　发票下载采集

图 2-4-4　发票添加采集

2. 申报表填写

进行申报表填写时有一定的顺序,因为表间有计算关系。但是可以通过"自动取数"进行计算。

进入申报表填写编辑主界面,如图 2-4-5 所示。依次对申报表附列资料(一)至(四)及减免税申报明细表进行填写,如图 2-4-6 ~ 图 2-4-10 所示。

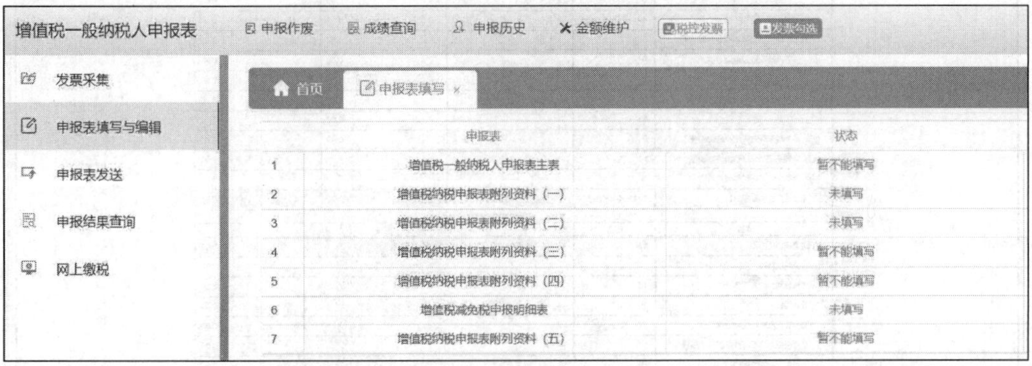

增值税一般纳税人申报表　申报作废　成绩查询　申报历史　金额维护　税控发票　发票勾选

发票采集
申报表填写与编辑
申报表发送
申报结果查询
网上缴税

首页　申报表填写 ×

	申报表	状态
1	增值税一般纳税人申报表主表	暂不能填写
2	增值税纳税申报表附列资料(一)	未填写
3	增值税纳税申报表附列资料(二)	未填写
4	增值税纳税申报表附列资料(三)	暂不能填写
5	增值税纳税申报表附列资料(四)	暂不能填写
6	增值税减免税申报明细表	未填写
7	增值税纳税申报表附列资料(五)	暂不能填写

图 2-4-5　纳税申报表主界面

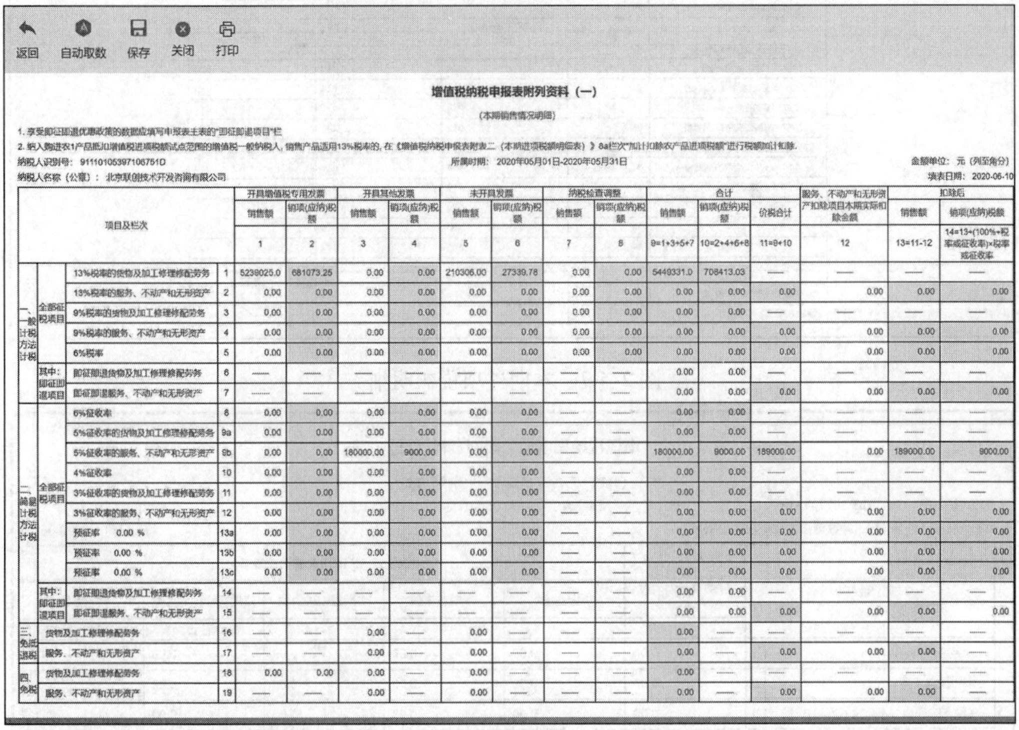

返回　自动取数　保存　关闭　打印

增值税纳税申报表附列资料(一)

(本期销售情况明细)

1. 享受即征即退优惠政策的数据应填写申报表主表的"即征即退项目"栏

2. 纳入购进农产品抵扣增值税进项税额试点范围的增值税一般纳税人,销售产品适用13%税率的,在《增值税纳税申报表附表二(本期进项税额明细表)》8a栏次"加计扣除农产品进项税额"进行税额加计扣除。

纳税人识别号：91110105397106751D　所属时期：2020年05月01日-2020年05月31日　金额单位：元(列至角分)

纳税人名称(公章)：北京联创技术开发咨询有限公司　填表日期：2020-06-10

项目及栏次				开具增值税专用发票		开具其他发票		未开具发票		纳税检查调整		合计			服务、不动产和无形资产扣除项目本期实际扣除金额	扣除后	
				销售额	销项(应纳)税额	销售额	销项(应纳)税额	销售额	销项(应纳)税额	销售额	销项(应纳)税额	销售额	销项(应纳)税额	价税合计		销售额	销项(应纳)税额
				1	2	3	4	5	6	7	8	9=1+3+5+7	10=2+4+6+8	11=9+10	12	13=11-12	14=13÷(100%+税率或征收率)×税率或征收率
一、一般计税方法计税	全部征税项目	13%税率的货物及加工修理修配劳务	1	5239025.0	681073.25	0.00	0.00	210306.00	27339.78	0.00	0.00	5449331.0	708413.03	—	—	—	—
		13%税率的服务、不动产和无形资产	2	0.00	0.00	0.00	0.00	0.00	0.00	0.00	0.00	0.00	0.00	0.00	0.00	0.00	0.00
		9%税率的货物及加工修理修配劳务	3	0.00	0.00	0.00	0.00	0.00	0.00	0.00	0.00	0.00	0.00	—	—	—	—
		9%税率的服务、不动产和无形资产	4	0.00	0.00	0.00	0.00	0.00	0.00	0.00	0.00	0.00	0.00	0.00	0.00	0.00	0.00
		6%税率	5	0.00	0.00	0.00	0.00	0.00	0.00	0.00	0.00	0.00	0.00	0.00	0.00	0.00	0.00
	其中:即征即退项目	即征即退货物及加工修理修配劳务	6	—	—	—	—	—	—	—	—	0.00	0.00	—	—	—	—
		即征即退服务、不动产和无形资产	7	—	—	—	—	—	—	—	—	0.00	0.00	0.00	0.00	0.00	0.00
二、简易计税方法计税	全部征税项目	6%征收率	8	0.00	0.00	0.00	0.00	0.00	0.00	—	—	0.00	0.00	—	—	—	—
		5%征收率的货物及加工修理修配劳务	9a	0.00	0.00	0.00	0.00	0.00	0.00	—	—	0.00	0.00	—	—	—	—
		5%征收率的服务、不动产和无形资产	9b	0.00	0.00	180000.00	9000.00	0.00	0.00	—	—	180000.00	9000.00	189000.00	0.00	189000.00	9000.00
		4%征收率	10	0.00	0.00	0.00	0.00	0.00	0.00	—	—	0.00	0.00	—	—	—	—
		3%征收率的货物及加工修理修配劳务	11	0.00	0.00	0.00	0.00	0.00	0.00	—	—	0.00	0.00	—	—	—	—
		3%征收率的服务、不动产和无形资产	12	0.00	0.00	0.00	0.00	0.00	0.00	—	—	0.00	0.00	0.00	0.00	0.00	0.00
		预征率 0.00 %	13a	0.00	0.00	0.00	0.00	0.00	0.00	—	—	0.00	0.00	0.00	0.00	0.00	0.00
		预征率 0.00 %	13b	0.00	0.00	0.00	0.00	0.00	0.00	—	—	0.00	0.00	0.00	0.00	0.00	0.00
		预征率 0.00 %	13c	0.00	0.00	0.00	0.00	0.00	0.00	—	—	0.00	0.00	0.00	0.00	0.00	0.00
	其中:即征即退项目	即征即退货物及加工修理修配劳务	14	—	—	—	—	—	—	—	—	0.00	0.00	—	—	—	—
		即征即退服务、不动产和无形资产	15	—	—	—	—	—	—	—	—	0.00	0.00	0.00	0.00	0.00	0.00
三、免抵退税		货物及加工修理修配劳务	16	—	—	0.00	—	0.00	—	—	—	0.00	—	—	—	—	—
		服务、不动产和无形资产	17	—	—	0.00	—	0.00	—	—	—	0.00	—	0.00	0.00	0.00	—
四、免税		货物及加工修理修配劳务	18	0.00	0.00	0.00	—	0.00	—	—	—	0.00	—	—	—	—	—
		服务、不动产和无形资产	19	—	—	0.00	—	0.00	—	—	—	0.00	—	0.00	0.00	0.00	—

图 2-4-6　销售情况明细

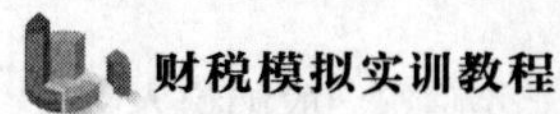

返回 自动取数 保存 关闭 打印

增值税纳税申报表附列资料（二）

（本期进项税额明细）

纳税人识别号：91110105397106751D　　所属时期：2020年05月01日-2020年05月31日　　金额单位：元（列至角分）

纳税人名称（公章）：北京联创技术开发咨询有限公司　　填表日期：2020-06-10

项目	栏次	份数	金额	税额
一、申报抵扣的进项税额				
项目	栏次	份数	金额	税额
（一）认证相符的增值税专用发票	1=2+3	0.00	0.00	0.00
其中：本期认证相符且本期申报抵扣	2	0.00	0.00	0.00
前期认证相符且本期申报抵扣	3	0.00	0.00	0.00
（二）其他扣税凭证	4=5+6+7+8a+8b	0.00	0.00	0.00
其中：海关进口增值税专用缴款书	5	0.00	0.00	0.00
农产品收购发票或者销售发票	6	0.00	0.00	0.00
代扣代缴税收缴款凭证	7	0.00	——	0.00
加计扣除农产品进项税额	8a	——	——	0.00
其他	8b	0.00	0.00	0.00
（三）本期用于购建不动产的扣税凭证	9	0.00	0.00	0.00
（四）本期不动产允许抵扣进项税额	10	——	——	0.00
（五）外贸企业进项税额抵扣证明	11	——	——	0.00
当期申报抵扣进项税额合计	12=1+4-9+10+11	0.00	0.00	0.00
二、进项税额转出额				
项目	栏次	税额		
本期进项税额转出额	13=14至23之和			0.00
其中：免税项目用	14			0.00
集体福利、个人消费	15			0.00
非正常损失	16			0.00
简易计税方法征税项目用	17			0.00
免抵退税办法不得抵扣的进项税额	18			0.00
纳税检查调减进项税额	19			0.00
红字专用发票信息表注明的进项税额	20			0.00
上期留抵税额抵减欠税	21			0.00
上期留抵税额退税	22			0.00
其他应作进项税额转出的情形	23			0.00
三、待抵扣进项税额				
项目	栏次	份数	金额	税额
（一）认证相符的增值税专用发票	24	——	——	——
期初已认证相符但未申报抵扣	25	0.00	0.00	0.00
本期认证相符且本期未申报抵扣	26	0.00	0.00	0.00
期末已认证相符但未申报抵扣	27	0.00	0.00	0.00
其中：按照税法规定不允许抵扣	28	0.00	0.00	0.00
（二）其他扣税凭证	29=30至33之和	0.00	0.00	0.00
其中：海关进口增值税专用缴款书	30	0.00	0.00	0.00
农产品收购发票或者销售发票	31	0.00	0.00	0.00
代扣代缴税收缴款凭证	32	0.00	——	0.00
其他	33	0.00	0.00	0.00
	34	0.00	0.00	0.00
四、其他				
项目	栏次	份数	金额	税额
本期认证相符的增值税专用发票	35	0.00	0.00	0.00
代扣代缴税额	36	——	——	0.00

图 2-4-7　本期进项税额明细

增值税纳税申报表附列资料（三）

（服务、不动产和无形资产扣除项目明细）

纳税人识别号：9111010539710****　　所属时期：2020年05月01日-2020年05月31日　　金额单位：元（列至角分）

纳税人名称（公章）：北京联创技术开发咨询有限公司　　填表日期：2020-06-10

项目及栏次		本期服务、不动产和无形资产价税合计额（免税销售额）	服务、不动产和无形资产扣除项目				
			期初余额	本期发生额	本期应扣除金额	本期实际扣除金额	期末余额
		1	2	3	4=2+3	5(5≤1且5≤4)	6=4-5
13%税率的项目	1	0.00	0.00	0.00	0.00	0.00	0.00
9%税率的项目	2	0.00	0.00	0.00	0.00	0.00	0.00
6%税率的项目（不含金融商品转让）	3	0.00	0.00	0.00	0.00	0.00	0.00
6%税率的金融商品转让项目	4	0.00	0.00	0.00	0.00	0.00	0.00
5%征收率的项目	5	0.00	0.00	0.00	0.00	0.00	0.00
3%征收率的项目	6	0.00	0.00	0.00	0.00	0.00	0.00
免抵退税的项目	7	0.00	0.00	0.00	0.00	0.00	0.00
免税的项目	8	0.00	0.00	0.00	0.00	0.00	0.00

图 2-4-8　服务、不动产和无形资产扣除项目明细

小贴士：在完成发票采集步骤后，单击增值税申报表销项明细、进项明细表上端表头位置的“自动取数”按钮，系统自动完成销项、进项税额的填写。

增值税纳税申报表附列资料（四）

（税额抵减情况表）

纳税人识别号：9111010539710****　　所属时期：2020年05月01日-2020年05月31日　　金额单位：元（列至角分）

纳税人名称（公章）：北京联创技术开发咨询有限公司　　填表日期：2020-06-10

一、税额抵减情况						
序号	抵减项目	期初余额	本期发生额	本期应抵减税额	本期实际抵减税额	期末余额
		1	2	3=1+2	4≤3	5=3-4
1	增值税税控系统专用设备费及技术维护费	0.00	0.00	0.00	0.00	0.00
2	分支机构预征缴纳税款	0.00	0.00	0.00	0.00	0.00
3	建筑服务预征缴纳税款	0.00	0.00	0.00	0.00	0.00
4	销售不动产预征缴纳税款	0.00	0.00	0.00	0.00	0.00
5	出租不动产预征缴纳税款	0.00	0.00	0.00	0.00	0.00

二、加计抵减情况							
序号	加计抵减项目	期初余额	本期发生额	本期调减额	本期可抵减额	本期实际抵减额	期末余额
		1	2	3	4=1+2-3	5	6=4-5
6	一般项目加计抵减额计算	0.00	0.00	0.00	0.00	0.00	0.00
7	即征即退项目加计抵减额计算	0.00	0.00	0.00	0.00	0.00	0.00
8	合计	0.00	0.00	0.00	0.00	0.00	0.00

图 2-4-9　税额抵减情况表

增值税减免税申报明细表

纳税人识别号：9111010539710****　　所属时期：2020年05月01日-2020年05月31日　　金额单位：元（列至角分）

纳税人名称（公章）：北京联创技术开发咨询有限公司　　填表日期：2020-06-10

一、减税项目						
减税性质代码及名称	栏次	期初余额	本期发生额	本期应抵减税额	本期实际抵减税额	期末余额
		1	2	3=1+2	4≤3	5=3-4

二、免税项目						
免税性质代码及名称	栏次	免征增值税项目销售额	免税销售额扣除项目本期实际扣除金额	扣除后免税销售额	免税销售额对应的进项税额	免税额
		1	2	3=1-2	4	5
出口免税	1	0.00	0.00	0.00	0.00	0.00
其中：跨境服务	2	0.00	0.00	0.00	0.00	0.00

图 2-4-10　减免税申报明细表

单击进入申报表主表，单击“自动取数”，完成主表编制，如图 2-4-11 所示。

完成增值税一般纳税人申报表后，依次完成申报表发送、申报结果查询及网上缴税等操作，如图 2-4-12～图 2-4-14 所示。

3. 评分

申报成功、网上缴税后，可以进行评分。选择相应的案例进行评分，如图 2-4-15 所示。

评分后，可以通过成绩查询，查看具体的评分明细，如图 2-4-16 所示。

返回 自动取数 保存 关闭 打印

增值税纳税申报表主表

（一般纳税人适用）

纳税人识别号：91110105397106751D　　所属时期：2020年05月01日-2020年05月31日　　金额单位：元（列至角分）

纳税人名称（公章）：北京联创技术开发咨询有限公司　　填表日期：2020-06-10

纳税人识别号	91110105397106751D	所属行业	铁路工程建筑	登记注册类型	有限责任公司
纳税人名称	北京联创技术开发咨询有限公司			法定代表人姓名	张三
生产经营地址	北京市朝阳区武圣路11号			电话号码	010-67794296

项目		栏次	一般项目		即征即退项目	
			本月数	本年累计	本月数	本年累计
销售额	（一）按适用税率计税销售额	1	5449331.00	5449331.00	0.00	0.00
	其中：应税货物销售额	2	0.00	0.00	0.00	0.00
	应税劳务销售额	3	0.00	0.00	0.00	0.00
	纳税检查调整的销售额	4	0.00	0.00	0.00	0.00
	（二）按简易办法计税销售额	5	180000.00	180000.00	0.00	0.00
	其中：纳税检查调整的销售额	6	0.00	0.00	0.00	0.00
	（三）免、抵、退办法出口销售额	7	0.00	0.00	……	……
	（四）免税销售额	8	0.00	0.00	——	——
	其中：免税货物销售额	9	0.00	0.00	——	——
	免税劳务销售额	10	0.00	0.00	……	……
税款计算	销项税额	11	708413.03	708413.03	0.00	0.00
	进项税额	12	712308.91	712308.91	0.00	0.00
	上期留抵税额	13	0.00	0.00	0.00	……
	进项税额转出	14	6052.80	6052.80	0.00	0.00
	免、抵、退应退税额	15	0.00	0.00	——	——
	按适用税率计算的纳税检查应补缴税额	16	0.00	0.00	——	——
	应抵扣税额合计	17=12+13-14-15+16	706256.11	——	0.00	——
	实际抵扣税额	18（如17<11，则为17，否则为11）	706256.11	0.00	0.00	0.00
	应纳税额	19=11-18	2156.92	2156.92	0.00	0.00
	期末留抵税额	20=17-18	0.00	0.00	0.00	……
	简易计税办法计算的应纳税额	21	9000.00	9000.00	0.00	0.00
	按简易计税办法计算的纳税检查应补缴税额	22	0.00	0.00	——	——
	应纳税额减征额	23	0.00	0.00	0.00	0.00
	应纳税额合计	24=19+21-23	11156.92	11156.92	0.00	0.00
税款缴纳	期初未缴税额（多缴为负数）	25	0.00	0.00	0.00	0.00
	实收出口开具专用缴款书退税额	26	0.00	0.00	——	——
	本期已缴税额	27=28+29+30+31	0.00	0.00	0.00	0.00
	①分次预缴税额	28	0.00	……	0.00	……
	②出口开具专用缴款书预缴税额	29	0.00	——	——	——
	③本期缴纳上期应纳税额	30	0.00	0.00	0.00	0.00
	④本期缴纳欠缴税额	31	0.00	0.00	0.00	0.00
	期末未缴税额（多缴为负数）	32=24+25+26-27	11156.92	11156.92	0.00	0.00
	其中：欠缴税额（≥0）	33=25+26-27	0.00	……	0.00	……
	本期应补(退)税额	34=24-28-29	11156.92	——	0.00	——
	即征即退实际退税额	35	——	——	0.00	0.00
	期初未缴查补税额	36	0.00	0.00	0.00	0.00
	本期入库查补税额	37	0.00	0.00	——	——
	期末未缴查补税额	38=16+22+36-37	0.00	0.00	——	——

授权声明	如果你已委托代理人申报，请填写下列资料： 为代理一切税务事宜，现授权（地址） 为本纳税人的代理申报人，任何与本申报表有关的往来文件，都可寄予此人。 授权人签字：	申报人声明	本纳税申报表是根据国家税收法律法规及相关规定填报的，我确定它是真实的、可靠的、完整的。 声明人签字：

图 2-4-11　申报表主表

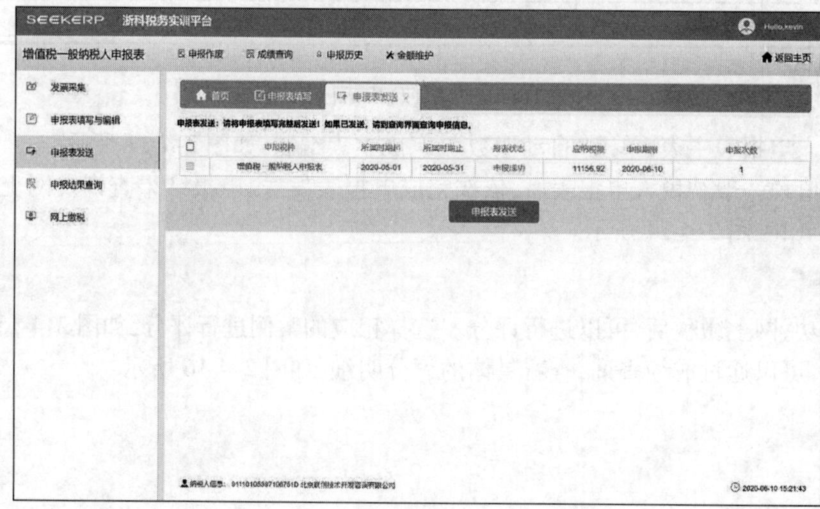

图 2-4-12　申报表发送

图 2-4-13　申报结果查询

图 2-4-14　网上缴税

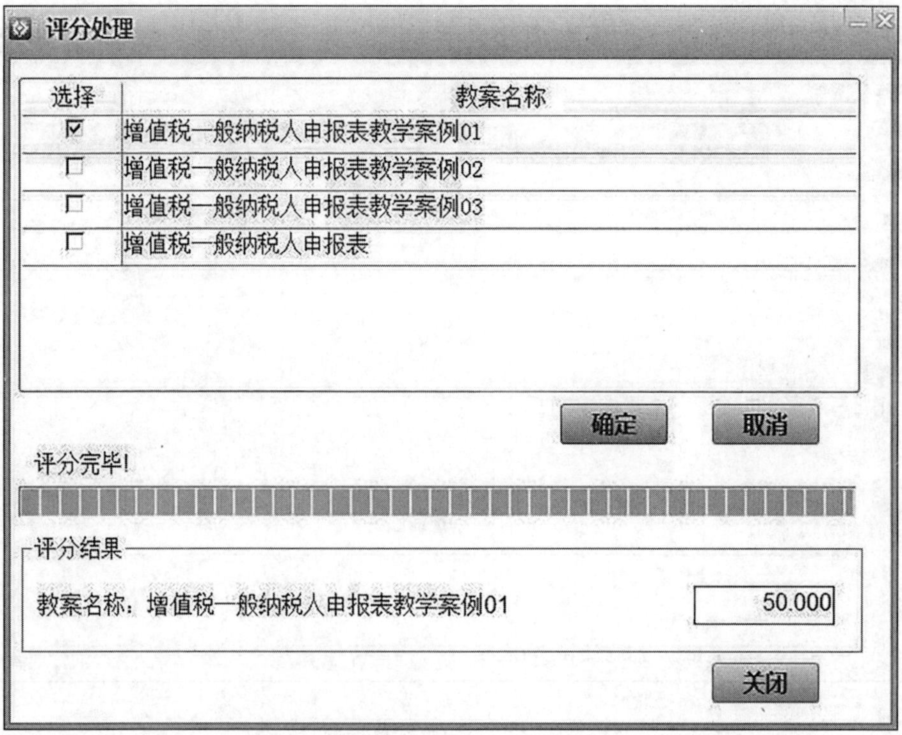

评分处理

选择	教案名称
☑	增值税一般纳税人申报表教学案例01
☐	增值税一般纳税人申报表教学案例02
☐	增值税一般纳税人申报表教学案例03
☐	增值税一般纳税人申报表

确定　取消

评分完毕!

评分结果

教案名称：增值税一般纳税人申报表教学案例01　50.000

关闭

图 2-4-15　评分处理

成绩查询

序号	教案名称	评分日期	分数
1	增值税一般纳税人申报表教学案例01	2017-04-14	50.00
2	地方税(费)综合纳税申报表	2017-03-22	30.00
3	增值税小规模纳税人申报表案例01	2017-03-18	30.00

评分明细

序号	评分项目	标准值	数值	得分
1	1按适用税率计税销售额—一般计税-本月数	825858.41	10000.00	0
2	2其中：应税货物销售额—一般计税-本月数	825858.41	0	0
3	3应税劳务销售额—一般计税-本月数	0	0	5.00
4	4纳税检查调整的销售额—一般计税-本月数	0	0	5.00
5	5按简易办法计税销售额—一般计税-本月数	0	0	5.00
6	8免税销售额—一般计税-本月数	0	0	5.00
7	11销项税额—一般计税-本月数	113121.59	1700.00	0
8	12进项税额—一般计税-本月数	35740.00	0	0
9	13上期留抵税额—一般计税-本月数	0	0	5.00
10	14进项税额转出—一般计税-本月数	11900.00	0	0

关闭

图 2-4-16　成绩查询明细

●●●● 小 结 ●●●●

本章主要介绍了增值税一般纳税人纳税申报的具体流程，并以图片形式详细展示了操作时的具体界面，方便学生练习使用，通过本章学习，让学生真正感受到实际纳税申报的情形。同时，学生也可以自行练习，该实训系统有自主评分及查看答案功能。

●●●● 思考与拓展 ●●●●

1. 销售发票中的税控机动车发票如何进行采集？
2. 本期进项税额转出应在哪张增值税纳税申报表中进行填写，不同转出类型如何区别？

实训五　增值税小规模纳税人申报

实训目标

- 理解增值税小规模纳税人应纳税额计算。
- 掌握增值税小规模纳税人网上申报及税款缴纳。

增值税小规模纳税人的纳税申报流程与一般纳税人纳税申报流程类似,但比一般纳税人申报手续简单,最大的不同是小规模纳税人无须进行发票采集,且填写的申报表比一般纳税人少很多。

在系统主界面中单击“实训训练”,进入增值税小规模纳税人网上申报系统,如图 2-5-1 所示。按顺序进行申报表填写、申报表发送、网上缴税、评分、成绩查询等。

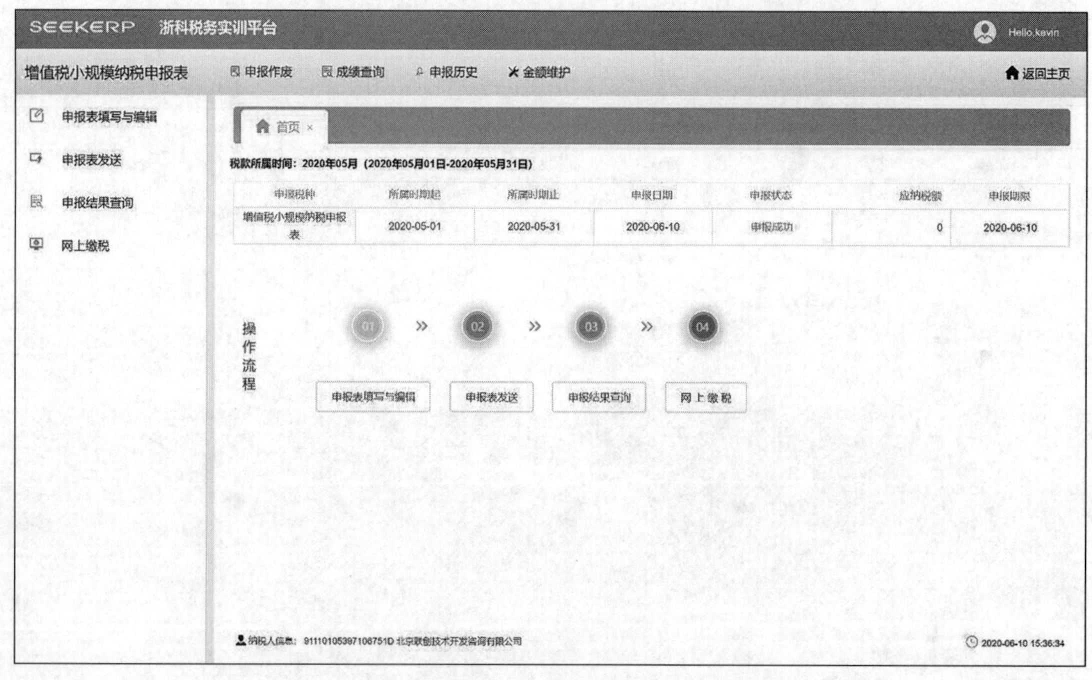

图 2-5-1　申报表主界面

在进行小规模纳税人申报时,根据案例的税款所属时期,调整平台时钟,使之与案例要求时期保持一致。

1. 申报表填写

进行申报表填写时有一定的顺序(见图 2-5-2 ~ 图 2-5-5),因为表间有计算关系。

完成小规模纳税申报表填写后,依次完成申报表发送、申报结果查询及网上缴税等操作,如图 2-5-6 ~ 图 2-5-8 所示。

增值税纳税申报表（小规模纳税人适用）附列资料

纳税人识别号：9111010539710**** 所属时期：2020年05月01日-2020年05月31日 金额单位：元（列至角分）

纳税人名称（公章）：北京联创技术开发咨询有限公司 填表日期：2020-06-10

应税行为（3%征收率）扣除额计算			
期初余额	本期发生额	本期扣除额	期末余额
1	2	3（3≤1+2之和，且3≤5）	4=1+2-3
0.00	0.00	0.00	0.00
应税行为（3%征收率）计税销售额计算			
全部含税收入（适用3%征收率）	本期扣除额	含税销售额	不含税销售额
5	6=3	7=5-6	8=7÷1.03
0.00	0.00	0.00	0.00
应税行为（5%征收率）扣除额计算			
期初余额	本期发生额	本期扣除额	期末余额
9	10	11（11≤9+10之和，且11≤13）	12=9+10-11
0.00	0.00	0.00	0.00
应税行为（5%征收率）计税销售额计算			
全部含税收入（适用5%征收率）	本期扣除额	含税销售额	不含税销售额
13	14=11	15=13-14	16=15÷1.05
0.00	0.00	0.00	0.00

图 2-5-2 附列资料

增值税纳税申报表附列资料（四）

纳税人识别号：9111010539710**** 所属时期：2020年05月01日-2020年05月31日 金额单位：元（列至角分）

纳税人名称（公章）：北京联创技术开发咨询有限公司 填表日期：2020-06-10

序号	抵减项目	期初余额	本期发生额	本期应抵减税额	本期实际抵减税额	期末余额
		1	2	3=1+2	4≤3	5=3-4
1	增值税税控系统专用设备费及技术维护费	0.00	0.00	0.00	0.00	0.00
2	分支机构预征缴纳税款	0.00	0.00	0.00	0.00	0.00
3	建筑服务预征缴纳税款	0.00	0.00	0.00	0.00	0.00
4	销售不动产预征缴纳税款	0.00	0.00	0.00	0.00	0.00
5	出租不动产预征缴纳税款	0.00	0.00	0.00	0.00	0.00

图 2-5-3 税额抵减情况

增值税减免税申报明细表

纳税人识别号：9111010539710**** 所属时期：2020年05月01日-2020年05月31日 金额单位：元（列至角分）

纳税人名称（公章）：北京联创技术开发咨询有限公司 填表日期：2020-06-10

一、减税项目						
减税性质代码及名称	栏次	期初余额	本期发生额	本期应抵减税额	本期实际抵减税额	期末余额
		1	2	3=1+2	4≤3	5=3-4
合计		0.00	0.00	0.00	0.00	0.00

二、免税项目						
免税性质代码及名称	栏次	免征增值税项目销售额	免税销售额扣除项目本期实际扣除金额	扣除后免税销售额	免税销售额对应的进项税额	免税额
		1	2	3=1-2	4	5
出口免税	1	0.00	0.00	0.00	0.00	0.00
其中：跨境服务	2	0.00	0.00	0.00	0.00	0.00
合计		0.00	0.00	0.00	0.00	0.00

图 2-5-4 减免税申报明细

2. 评分

申报成功、网上缴税后，可以进行评分。选择相应的案例进行评分，如图 2-5-9 所示。评分后，可以通过成绩查询，查看具体的评分明细。

返回　保存　关闭　打印

小规模纳税申报表

纳税人识别号：9111010539710****　　所属时期：2020年05月01日-2020年05月31日　　金额单位：元（列至角分）

纳税人名称（公章）：北京联创技术开发咨询有限公司　　填表日期：2020-06-10

	项目	栏次	本期数		本年累计	
			货物及劳务	服务、不动产和无形资产	货物及劳务	服务、不动产和无形资产
一、计税依据	（一）应征增值税不含税销售额（3%征收率）	1	0.00	0.00	0.00	0.00
	税务机关代开的增值税专用发票不含税销售额	2	0.00	0.00	0.00	0.00
	税控器具开具的普通发票不含税销售额	3	0.00	0.00	0.00	0.00
	（二）应征增值税不含税销售额（5%征收率）	4	——	0.00	——	0.00
	税务机关代开的增值税专用发票不含税销售额	5	——	0.00	——	0.00
	税控器具开具的普通发票不含税销售额	6	——	0.00	——	0.00
	（三）销售使用过的固定资产不含税销售额	7(7≥8)	0.00	——	0.00	——
	其中：税控器具开具的普通发票不含税销售额	8	0.00	——	0.00	——
	（四）免税销售额	9=10+11+12	0.00	0.00	0.00	0.00
	其中：小微企业免税销售额	10	0.00	0.00	0.00	0.00
	未达起征点销售额	11	0.00	0.00	0.00	0.00
	其他免税销售额	12	0.00	0.00	0.00	0.00
	（五）出口免税销售额	13(13≥14)	0.00	0.00	0.00	0.00
	其中：税控器具开具的普通发票销售额	14	0.00	0.00	0.00	0.00
二、税款计算	本期应纳税额	15	0.00	0.00	0.00	0.00
	本期应纳税额减征额	16	0.00	0.00	0.00	0.00
	本期免税额	17	0.00	0.00	0.00	0.00
	其中：小微企业免税额	18	0.00	0.00	0.00	0.00
	未达起征点免税额	19	0.00	0.00	0.00	0.00
	应纳税额合计	20=15-16	0.00	0.00	0.00	0.00
	本期预缴税额	21	0.00	0.00	——	——
	本期应补（退）税额	22=20-21	0.00	0.00	——	——

纳税人或代理人声明：
本纳税申报表是根据国家税收法律法规及相关规定填报的，我确定它是真实的、可靠的、完整的。

如纳税人填报，由纳税人填写以下各栏：

办税人员：　　财务负责人：

法定代表人：　　联系电话：

如委托代理人填报，由代理人填写以下各栏：

代理人名称（公章）：　　联系电话：

图 2-5-5　小规模纳税申报表

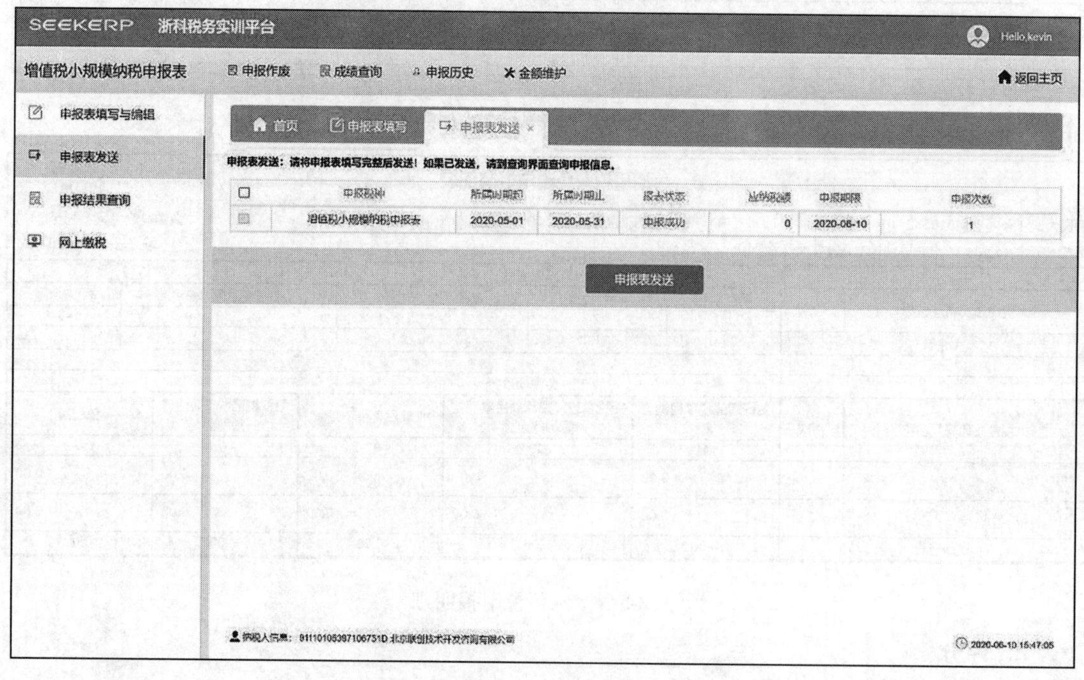

图 2-5-6　申报表发送

图 2-5-7 申报结果查询

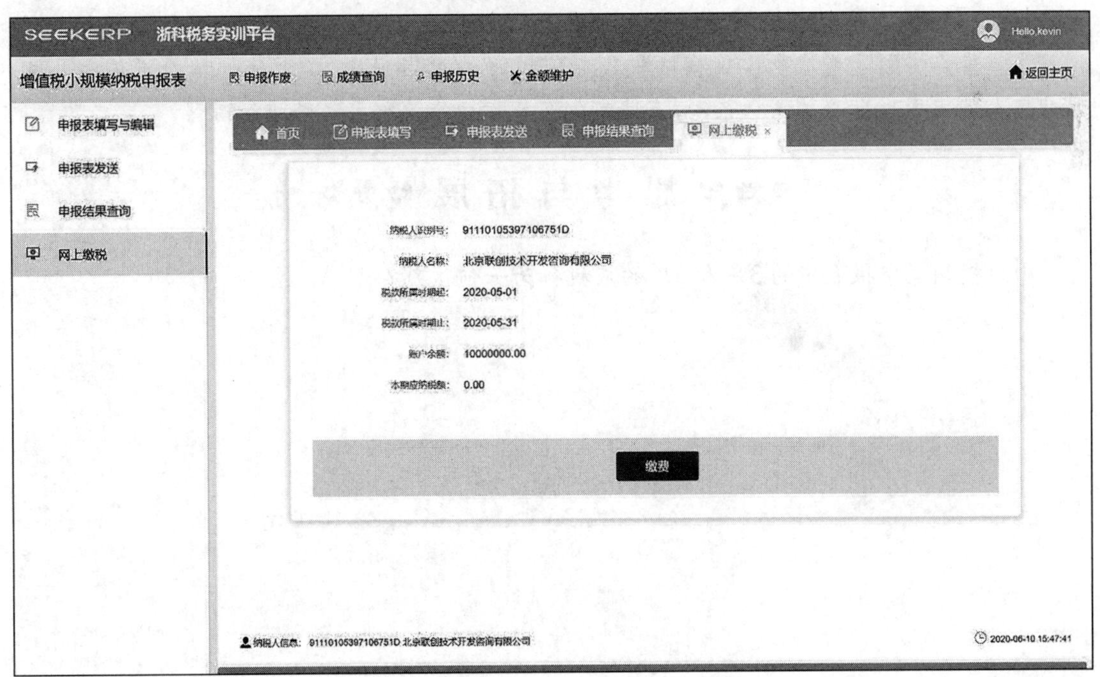

图 2-5-8 网上缴税

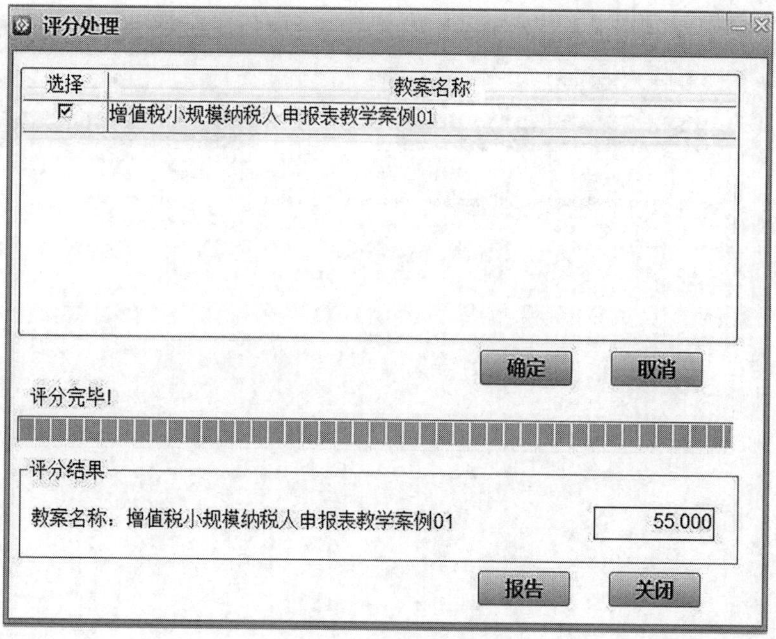

评分处理

选择	教案名称
☑	增值税小规模纳税人申报表教学案例01

确定　取消

评分完毕!

评分结果

教案名称：增值税小规模纳税人申报表教学案例01　55.000

报告　关闭

图 2-5-9　评分处理

小　结

本章重点讲解了增值税小规模纳税人如何填写纳税申报表,实训软件针对增值税小规模纳税人纳税申报准备了实训案例,方便学生在掌握操作流程后尽快进行练习。

思考与拓展

小规模纳税申报表中的3%和5%的应税行为如何区别?

实训六　企业所得税申报

实训目标

- 理解企业所得税纳税的申报流程。
- 掌握企业所得税纳税申报表及附表的填制。

企业所得税网上申报包括企业所得税月(季)度预缴纳税申报表(A类)、企业所得税月(季)度预缴纳税申报表(B类)、企业所得税年度汇算清缴(A类)和企业所得税年度汇算清缴(B类)网上申报。下面以企业所得税月(季)度预缴纳税申报表(A类)、企业所得税月(季)度预缴纳税申报表(B类)网上申报为例进行说明。

1. 企业所得税月(季)度预缴纳税申报表(A类)

在系统主界面中单击“实训训练”,进入企业所得税申报系统,如图2-6-1所示。按顺序进行申报表填写与编辑、申报表发送、申报结果查询、网上缴税等。

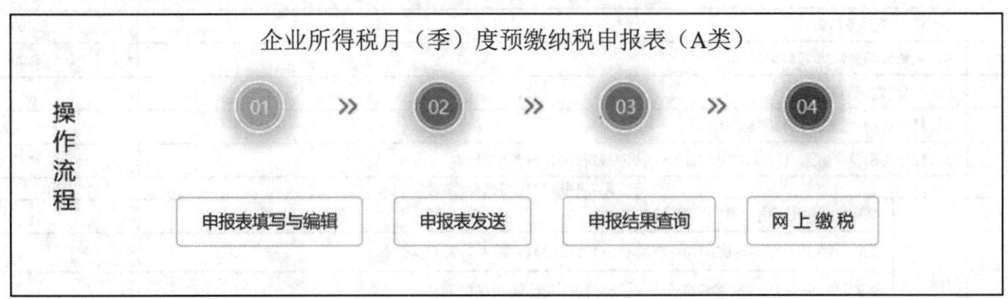

图2-6-1　企业所得税月(季)度预缴纳税申报主界面

(1)申报表填写,如图2-6-2所示。

首页　申报表填写 ×

	申报表	状态	操作
1	A200000 企业所得税月(季)度预缴纳税申报表（A类）	已填写	编辑　删除
2	A201010 免税收入、减计收入、所得减免等优惠明细表	已填写	编辑　删除
3	A201020 固定资产加速折旧(扣除)优惠明细表	已填写	编辑　删除
4	A201030 减免所得税优惠明细表	已填写	编辑　删除
5	A202000 企业所得税汇总纳税分支机构所得税分配表	未填写	编辑

图2-6-2　企业所得税月(季)度预缴纳税申报表各项目明细表

进行申报表填写时有一定的顺序(见图 2-6-3 ~ 图 2-6-7),因为表间有计算关系。

A200000 中华人民共和国企业所得税月(季)度预缴纳税申报表(A类)

纳税人识别号: 911101053971　　　所属时期: 2020年05月01日-2020年05月31日　　　金额单位: 元(列至角分)
纳税人名称(公章): 北京联创技术开发咨询有限公司　　　填表日期: 2020-06-10

行次		项目	本年累计金额
预缴方式		◉ 按照实际利润额预缴　○ 按照上一纳税年度应纳税所得额平均额预缴　○ 按照税务机关确定的其他方法预缴	
企业类型		◉ 一般企业　○ 跨地区经营汇总纳税企业总机构　○ 跨地区经营汇总纳税企业分支机构	
预缴税款计算			
1		营业收入	1000000.00
2		营业成本	0.00
3		利润总额	300000.00
4		加: 特定业务计算的应纳税所得额	0.00
5		减: 不征税收入	0.00
6		减: 免税收入、减计收入、所得减免等优惠金额(填写A201010)	100000.00
7		减: 固定资产加速折旧(扣除)调减额(填写A201020)	0.00
8		减: 弥补以前年度亏损	0.00
8		减: 弥补以前年度亏损	0.00
9		实际利润额(3+4-5-6-7-8)/按照上一纳税年度应纳税所得额平均额确定的应纳税所得额	200000
10		税率(25%)	25
11		应纳所得税额(9×10)	50000.00
12		减: 减免所得税额(填写A201030)	40000.00
13		减: 实际已缴纳所得税额	0.00
14		减: 特定业务预缴(征)所得税额	0.00
15		本期应补(退)所得税额(11-12-13-14)\税务机关确定的本期应纳所得税额	10000.00
汇总纳税企业总分机构税款计算			
16	总机构填报	总机构本期分摊应补(退)所得税额(17+18+19)	0.00
17		其中: 总机构分摊应补(退)所得税额(15×总机构分摊比例 0.000 %)	0.00
18		财政集中分配应补(退)所得税额(15×财政集中分配比例 0.000 %)	0.00
19		总机构具有主体生产经营职能的部门分摊所得税额(15×全部分支机构分摊比例 0.000 %×总机构具有主体生产经营职能部门分摊比例 0.000 %)	0.00
20	分支机构填报	分支机构本期分摊比例	0.000000
21		分支机构本期分摊应补(退)所得税额	0.00

附报信息			
小型微利企业	◉ 是　○ 否	科技型中小企业	○ 是　◉ 否
高新技术企业	○ 是　◉ 否	技术入股递延纳税事项	○ 是　◉ 否
期末从业人数	18.00		

谨声明: 此纳税申报表是根据《中华人民共和国企业所得税法》《中华人民共和国企业所得税法实施条例》以及有关税收政策和国家统一会计制度的规定填报的, 是真实的、可靠的、完整的。

法定代表人(签章):　　　年　　月　　日

纳税人公章: 会计主管: 填表日期:　　年　　月　　日	代理申报中介机构公章: 经办人: 经办人执业证件号码: 代理申报日期:　　年　　月　　日	主管税务机关受理专用章: 受理人: 受理日期:　　年　　月　　日

图 2-6-3　企业所得税月(季)度预缴纳税申报表主表(A 类)

(2)完成企业所得税纳税申报表填制后,依次进行申报表发送、申报结果查询及网上缴税等操作,如图 2-6-8 ~ 图 2-6-10 所示。

小贴士: 若填报有缺失信息,系统会提示“填写不完整”。

A201010 免税收入、减计收入、所得减免等优惠明细表

纳税人识别号：9111010539710[illegible]　　所属时期：2020年05月01日-2020年05月31日　　金额单位：元（列至角分）

纳税人名称（公章）：北京联创技术开发咨询有限公司　　填表日期：2020-06-10

行次	项目	本年累计金额
1	一、免税收入（2+3+6+7+...+15）	100000.00
2	（一）国债利息收入免征企业所得税	100000.00
3	（二）符合条件的居民企业之间的股息、红利等权益性投资收益免征企业所得税	0.00
4	其中：内地居民企业通过沪港通投资且连续持有H股满12个月取得的股息红利所得免征企业所得税	0.00
5	内地居民企业通过沪港通投资且连续持有H股满12个月取得的股息红利所得免征企业所得税	0.00
6	（三）符合条件的非营利组织的收入免征企业所得税	0.00
7	（四）符合条件的非营利组织（科技企业孵化器）的收入免征企业所得税	0.00
8	（五）符合条件的非营利组织（国家大学科技园）的收入免征企业所得税	0.00
9	（六）中国清洁发展机制基金取得的收入免征企业所得税	0.00
10	（七）投资者从证券投资基金分配中取得的收入免征企业所得税	0.00
11	（八）取得的地方政府债券利息收入免征企业所得税	0.00
12	（九）中国保险保障基金有限责任公司取得的保险保障基金等收入免征企业所得税	0.00
13	（十）中国奥委会取得北京冬奥组委支付的收入免征企业所得税	0.00
14	（十一）中国残奥委会取得北京冬奥组委分期支付的收入免征企业所得税	0.00
15	（十二）其他	0.00
16	二、减计收入（17+18+22+23）	0.00
17	（一）综合利用资源生产产品取得的收入在计算应纳税所得额时减计收入	0.00
18	（二）金融、保险等机构取得的涉农利息、保费减计收入（19+20+21）	0.00
19	1.金融机构取得的涉农贷款利息收入在计算应纳税所得额时减计收入	0.00
20	2.保险机构取得的涉农保费收入在计算应纳税所得额时减计收入	0.00
21	3.小额贷款公司取得的农户小额贷款利息收入在计算应纳税所得额时减计收入	0.00
22	（三）取得铁路债券利息收入减半征收企业所得税	0.00
23	（四）其他	0.00
24	三、加计扣除（25+26+27+28）	0.00
25	（一）开发新技术、新产品、新工艺发生的研究开发费用加计扣除	0.00
26	（二）科技型中小企业开发新技术、新产品、新工艺发生的研究开发费用加计扣除	0.00
27	（三）企业为获得创新性、创意性、突破性的产品进行创意设计活动而发生的相关费用加计扣除	0.00
28	（四）安置残疾人员所支付的工资加计扣除	0.00
29	四、所得减免（30+33+34+35+36+37+38+39+40）	0.00
30	（一）从事农、林、牧、渔业项目的所得减免征收企业所得税（31+32）	0.00
31	1.免税项目	0.00
32	2.减半征收项目	0.00
33	（二）从事国家重点扶持的公共基础设施项目投资经营的所得定期减免企业所得税	0.00
34	（三）从事符合条件的环境保护、节能节水项目的所得定期减免企业所得税	0.00
35	（四）符合条件的技术转让所得减免征收企业所得税	0.00
36	（五）实施清洁发展机制项目的所得定期减免企业所得税	0.00
37	（六）符合条件的节能服务公司实施合同能源管理项目的所得定期减免企业所得税	0.00
38	（七）线宽小于130纳米的集成电路生产项目的所得减免企业所得税	0.00
39	（八）线宽小于65纳米或投资额超过150亿元的集成电路生产项目的所得减免企业所得税	0.00
40	（九）其他	0.00
41	合计（1+16+24+29）	100000.00

图 2-6-4　免税收入、减计收入、所得减免等优惠明细表

2. 企业所得税月(季)度预缴纳税申报表(B 类)

在系统主界面中单击“实训训练”,进入企业所得税申报系统,如图 2-6-11 所示。按顺序进行申报表填写与编辑、申报表发送、申报结果查询、网上缴税等。

A201020 固定资产加速折旧(扣除)优惠明细表

纳税人识别号：911101053971[illegible]　　所属时期：2020年05月01日-2020年05月31日　　金额单位：元（列至角分）

纳税人名称（公章）：北京联创技术开发咨询有限公司　　填表日期：2020-06-10

行次	项目	资产原值	本年累计折旧（扣除）金额				
			账载折旧金额	按照税收一般规定计算的折旧金额	享受加速折旧优惠计算的折旧金额	纳税调减金额	享受加速折旧优惠金额
		1	2	3	4	5	6(4-3)
1	一、固定资产加速折旧（不含一次性扣除，2+3）	0.00	0.00	0.00	0.00	0.00	0.00
2	（一）重要行业固定资产加速折旧	0.00	0.00	0.00	0.00	0.00	0.00
3	（二）其他行业研发设备加速折旧	0.00	0.00	0.00	0.00	0.00	0.00
4	二、固定资产一次性扣除	0.00	0.00	0.00	0.00	0.00	0.00
5	合计（1+4）	0.00	0.00	0.00	0.00	0.00	0.00

图 2-6-5　固定资产加速折旧(扣除)优惠明细表

A201030 减免所得税优惠明细表

纳税人识别号：911101053971[illegible]　　所属时期：2020年05月01日-2020年05月31日　　金额单位：元（列至角分）

纳税人名称（公章）：北京联创技术开发咨询有限公司　　填表日期：2020-06-10

行次	项目	本年累计金额
1	一、符合条件的小型微利企业减免企业所得税	40000.00
2	二、国家需要重点扶持的高新技术企业减按15%的税率征收企业所得税	0.00
3	三、经济特区和上海浦东新区新设立的高新技术企业在区内取得的所得定期减免企业所得税	0.00
4	四、受灾地区农村信用社免征企业所得税	0.00
5	五、动漫企业自主开发、生产动漫产品定期减免企业所得税	0.00
6	六、线宽小于0.8微米（含）的集成电路生产企业减免企业所得税	0.00
7	七、线宽小于0.25微米的集成电路生产企业减按15%税率征收企业所得税	0.00
8	八、投资额超过80亿元的集成电路生产企业减按15%税率征收企业所得税	0.00
9	九、线宽小于0.25微米的集成电路生产企业减免企业所得税	0.00
10	十、投资额超过80亿元的集成电路生产企业减免企业所得税	0.00
11	十一、线宽小于130纳米的集成电路生产企业减免企业所得税	0.00
12	十二、线宽小于65纳米或投资额超过150亿元的集成电路生产企业减免企业所得税	0.00
13	十三、新办集成电路设计企业减免企业所得税	0.00
14	十四、国家规划布局内集成电路设计企业可减按10%的税率征收企业所得税	0.00
15	十五、符合条件的软件企业减免企业所得税	0.00
16	十六、国家规划布局内重点软件企业可减按10%的税率征收企业所得税	0.00
17	十七、符合条件的集成电路封装、测试企业定期减免企业所得税	0.00
18	十八、符合条件的集成电路关键专用材料生产企业、集成电路专用设备生产企业定期减免企业所得税	0.00
19	十九、经营性文化事业单位转制为企业的免征企业所得税	0.00
20	二十、符合条件的生产和装配伤残人员专门用品企业免征企业所得税	0.00
21	二十一、技术先进型服务企业减按15%的税率征收企业所得税	0.00
22	二十二、服务贸易类技术先进型服务企业减按15%的税率征收企业所得税	0.00
23	二十三、设在西部地区的鼓励类产业企业减按15%的税率征收企业所得税	0.00
24	二十四、新疆困难地区新办企业定期减免企业所得税	0.00
25	二十五、新疆喀什、霍尔果斯特殊经济开发区新办企业定期免征企业所得税	0.00
26	二十六、广东横琴、福建平潭、深圳前海等地区的鼓励类产业企业减按15%税率征收企业所得税	0.00
27	二十七、北京冬奥组委、北京冬奥会测试赛赛事组委会免征企业所得税	0.00
28	二十八、其他	0.00
29	二十九、民族自治地方的自治机关对本民族自治地方的企业应缴纳的企业所得税中属于地方分享的部分减征或免征（ ○ 免征 ○ 减征 ）	0.00
30	合计(1+2+3+4+5+6+...+29)	40000.00

图 2-6-6　减免所得税优惠明细表

A202000 企业所得税汇总纳税分支机构所得税分配表

纳税人识别号：911101053971■■■■ 所属时期：2020年05月01日-2020年05月31日 金额单位：元（列至角分）

纳税人名称（公章）：北京联创技术开发咨询有限公司 填表日期：2020-06-10

应纳所得税额		总机构分摊所得税额	总机构财政集中分配所得税额			分支机构分摊所得税额	
0.00		0.00	0.00			0.00	
分支机构情况	分支机构统一社会信用代码（纳税人识别号）	分支机构名称	三项因素			分配比例	分配所得税额
			营业收入	职工薪酬	资产总额		
	合计		0.00	0.00	0.00	0.00	0.00

图 2-6-7 企业所得税汇总纳税分支机构所得税分配表

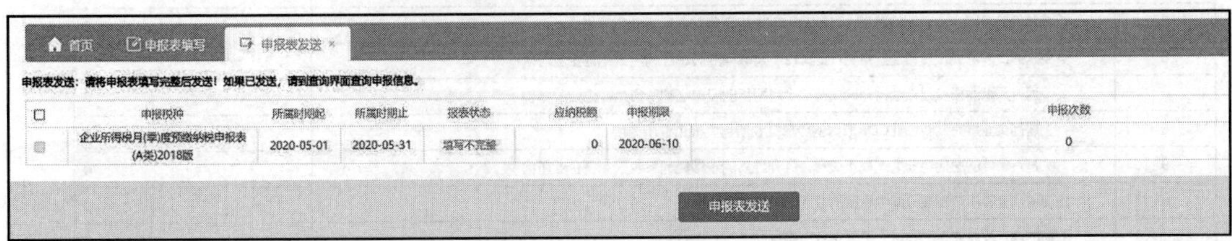

图 2-6-8 申报表发送

首页 申报表填写 申报表发送 申报结果查询

申报税种	所属时期起	所属时期止	报表状态	应纳税额	申报期限	申报次数
企业所得税月(季)度预缴纳税申报表(A类)2018版	2020-05-01	2020-05-31	填写不完整	0	2020-06-10	0

图 2-6-9 申报结果查询

图 2-6-10 网上缴税

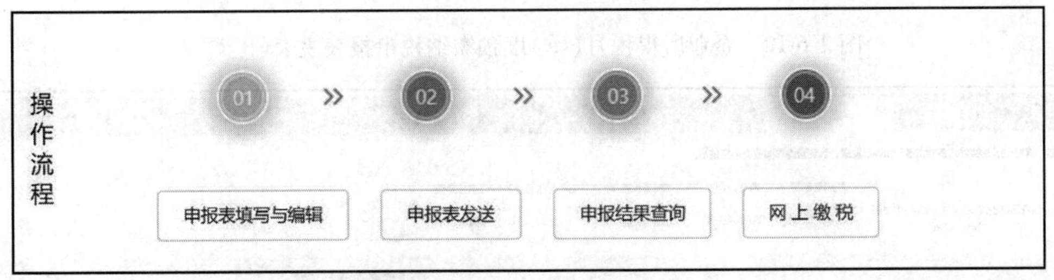

图 2-6-11 企业所得税月(季)度预缴纳税申报主界面

(1)申报表填写,如图 2-6-12 所示。

(2)完成企业所得税纳税申报表填制后,依次进行申报表发送、申报结果查询及网上缴税等操作,如图 2-6-13 ~ 图 2-6-15 所示。

B100000 中华人民共和国企业所得税月（季）度预缴和年度纳税申报表（B类，2018年版）

纳税人识别号：911101053971■■■■■　　所属时期：2020年05月01日-2020年05月31日　　金额单位：元（列至角分）

纳税人名称（公章）：北京联创技术开发咨询有限公司　　填表日期：2020-06-10

核定征收方式	○ 核定应税所得率（能核算收入总额的）　○ 核定应税所得率（能核算成本费用总额的）　○ 核定应纳所得税额	
行次	项目	本年累计金额
1	收入总额	0
2	减：不征税收入	0
3	减：免税收入（4+5+10+11）	0.00
4	国债利息收入免征企业所得税	0
5	符合条件的居民企业之间的股息、红利等权益性投资收益免征企业所得税	0
6	其中：通过沪港通投资且连续持有H股满12个月取得的股息红利所得免征企业所得税	0
7	通过深港通投资且连续持有H股满12个月取得的股息红利所得免征企业所得税	0
8	居民企业持有创新企业CDR取得的股息红利所得免征企业所得税	0
9	符合条件的居民企业之间属于股息、红利性质的永续债利息收入免征企业所得税	0
10	投资者从证券投资基金分配中取得的收入免征企业所得税	0
11	取得的地方政府债券利息收入免征企业所得税	0
12	应税收入额（1-2-3）\成本费用总额	0.00
13	税务机关核定的应税所得率（%）	0
14	应纳税所得额（第12×13行）\[第12行÷（1-第13行）×第13行]	0.00
15	税率（25%）	25
16	应纳所得税额（14×15）	0.00
17	减：符合条件的小型微利企业减免企业所得税	0
18	减：实际已缴纳所得税额	0
19	本期应补（退）所得税额（16-17-18）\税务机关核定本期应纳所得税额	0
20	民族自治地方的自治机关对本民族自治地方的企业应缴纳的企业所得税中属于地方分享的部分减征或免征（○ 免征　◉ 减征 减征幅度　0 %）	0.00
21	本期实际应补（退）所得税额	0.00

按季度填报信息			
季初从业人数	0	季末从业人数	0
季初资产总额（万元）	0	季末资产总额（万元）	0
国家限制或禁止行业	○ 是　◉ 否	小型微利企业	○ 是　◉ 否
按年度填报信息			
小型微利企业	○ 是　◉ 否		

谨声明：本纳税申报表是根据国家税收法律法规及相关规定填报的，是真实的、可靠的、完整的。

纳税人（签章）：　年　月　日

经办人： 经办人身份证号： 代理机构签章： 代理机构统一社会信用代码：	受理人： 受理税务机关（章）： 受理日期：　年　月　日

图 2-6-12　企业所得税月（季）度预缴纳税申报表主表（B类）

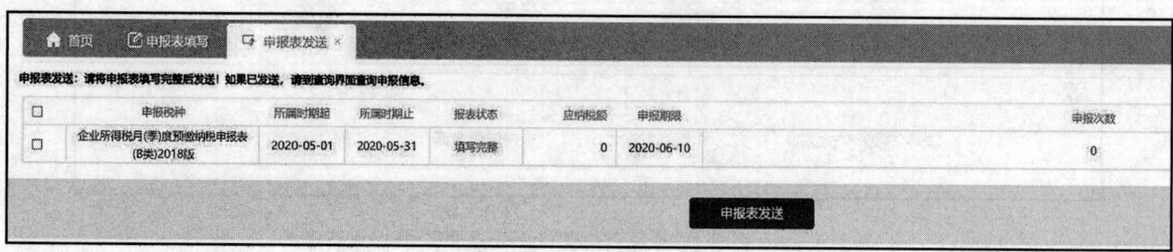

首页　申报表填写　申报表发送 ×

申报表发送：请将申报表填写完整后发送！如果已发送，请到查询界面查询申报信息。

☐	申报税种	所属时期起	所属时期止	报表状态	应纳税额	申报期限	申报次数
☐	企业所得税月(季)度预缴纳税申报表(B类)2018版	2020-05-01	2020-05-31	填写完整	0	2020-06-10	0

申报表发送

图 2-6-13　申报表发送

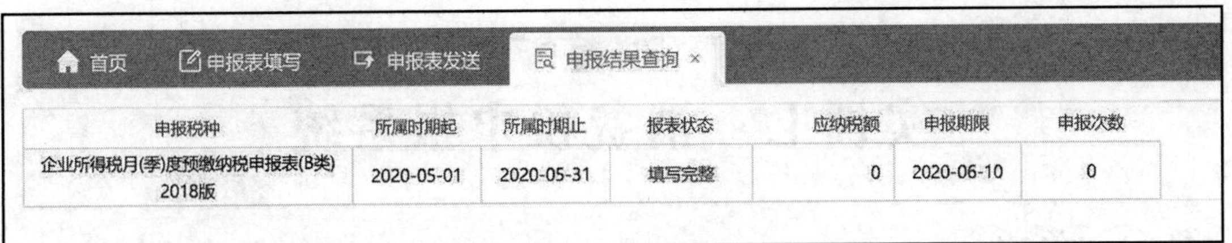

申报税种	所属时期起	所属时期止	报表状态	应纳税额	申报期限	申报次数
企业所得税月(季)度预缴纳税申报表(B类)2018版	2020-05-01	2020-05-31	填写完整	0	2020-06-10	0

图 2-6-14　申报表结果查询

图 2-6-15　网上缴税

小　结

企业所得税按年计征，分月或分季度预缴，年终汇算清缴，多退少补。税务机关根据纳税义务人自身情况不同确定其税控缴纳方式，分别为查账征收企业所得税和核定征收企业所得税。其中，查账征收企业所得税较为复杂，纳税义务人可根据自身经营情况的不同选择申报表进行填报。

思考与拓展

简述企业所得税月(季)度预缴 A 类，B 类申报的区别。

实训七　消费税申报系统

实训目标

- 掌握消费税应纳税额的计算。
- 掌握消费税网上申报与税款缴纳。

消费税网上申报包括：烟类、酒类、成品油、小汽车等多种消费品申报系统。下面以烟类消费税申报系统为例进行说明。

在系统主界面中单击“实训训练”，进入消费税申报系统，如图 2-7-1 所示。按顺序进行申报表填写、申报表发送、申报结果查询、网上缴税等。

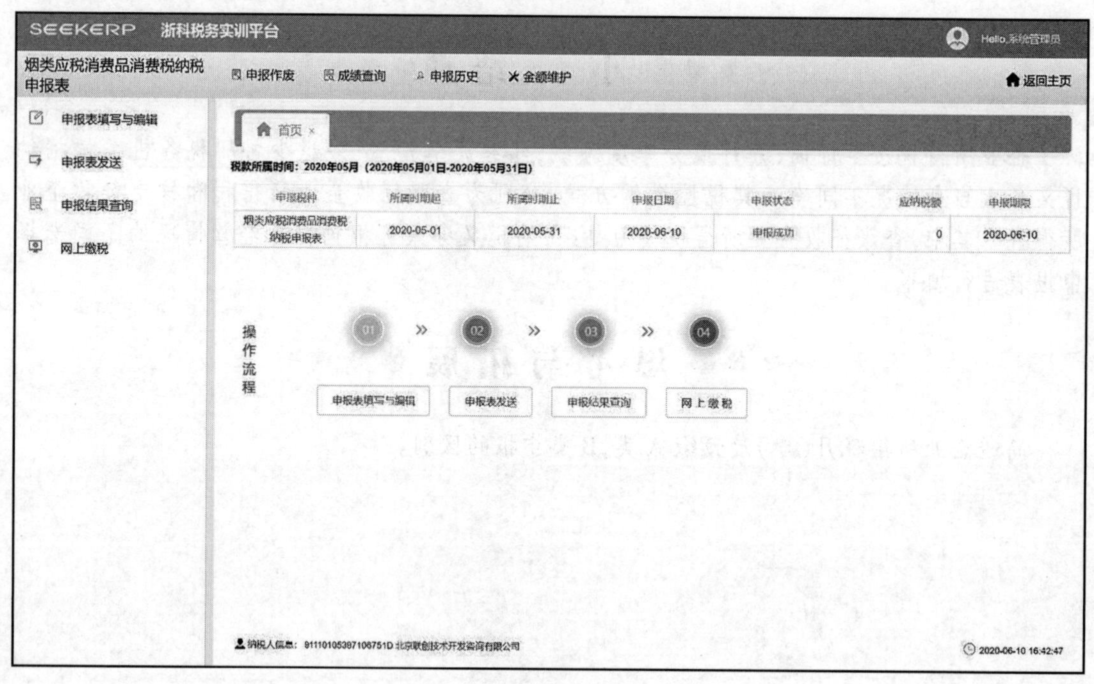

图 2-7-1　消费税纳税申报表主界面

在进行消费税申报时，根据案例的税款所属时期，调整平台时钟，以便与案例要求的时间一致。

（1）进行申报表填写时有一定的顺序，先填各项明细表，如图 2-7-2 ~ 图 2-7-5 所示，最后填制消费税申报表主表，如图 2-7-6 所示。

（2）完成消费税纳税申报表填制后，依次进行申报表发送、申报结果查询及网上缴税等操作，如图 2-7-7 ~ 图 2-7-9 所示。

本期减（免）税额明细表

纳税人识别号：911101053971　　　所属时期：2020年05月01日-2020年05月31日　　　金额单位：元（列至角分）
纳税人名称（公章）：北京联创技术开发咨询有限公司　　　填表日期：2020-06-10

应税消费品名称 项目	减（免）性质代码	减（免）项目名称	减（免）金额	适用税率（从价定率）	减（免）数量	适用税率（从量定额）	减（免）税额
1	2	3	4	5	6	7	8=4*5+6*7
卷烟			0.00	56.00 %	0.00	30 元/万支	0.00
卷烟			0.00	36.00 %	0.00	30 元/万支	0.00
雪茄烟			0.00	30.00 %	0.00	0 元/万支	0.00
烟丝			0.00	30.00 %	0.00	0 元/万支	0.00
合计	—	—	—	—	—	—	0.00

图 2-7-2　本期减(免)税额明细

本期准予扣除税额计算表

纳税人识别号：91110105397　　　所属时期：2020年05月01日-2020年05月31日　　　金额单位：元（列至角分）
纳税人名称（公章）：北京联创技术开发咨询有限公司　　　填表日期：2020-06-10

项目	金额
一、当期准予扣除的委托加工烟丝已纳税款计算	
1. 期初库存委托加工烟丝已纳税款：	0.00
2. 当期收回委托加工烟丝已纳税款：	0.00
3. 期末库存委托加工烟丝已纳税款：	0.00
4. 当期准予扣除的委托加工烟丝已纳税款：	0.00
二、当期准予扣除的外购烟丝已纳税款计算	
1.期初库存外购烟丝买价：	0.00
2.当期购进烟丝买价：	0.00
3.期末库存外购烟丝买价：	0.00
4.当期准予扣除的外购烟丝已纳税款：	0.00
三、本期准予扣除税款合计：	0.00

图 2-7-3　本期准予扣除税额计算表

本期代收代缴税额计算表

纳税人识别号：91110105397　　　所属时期：2020年05月01日-2020年05月31日　　　金额单位：元（列至角分）
纳税人名称（公章）：北京联创技术开发咨询有限公司　　　填表日期：2020-06-10

项目 / 应税消费品名称	适用税率		受托加工数量	同类产品销售价格	材料成本	加工费	组成计税价格	本期代收代缴税款
	定额税率	比例税率						
卷烟	30 元/万支	56.00 %	0.00	0.00	0.00	0.00	0.00	0.00
卷烟	30 元/万支	36.00 %	0.00	0.00	0.00	0.00	0.00	0.00
雪茄烟	0 元/万支	36.00 %	0.00	0.00	0.00	0.00	0.00	0.00
烟丝	0 元/万支	30.00 %	0.00	0.00	0.00	0.00	0.00	0.00
合计	—	—	—	—	—	—	—	0.00

图 2-7-4　本期代收代缴税额计算表

卷烟销售明细表

纳税人识别号：91110105397　　所属时期：2020年05月01日-2020年05月31日　　金额单位：元（列至角分）

纳税人名称（公章）：北京联创技术开发咨询有限公司　　填表日期：2020-06-10

卷烟牌号	烟支包装规格	产量	销量	消费税计税价格	销售额	备注	操作
		0.00	0.00	0.00	0.00		添加　删除
总价		0	0				

图 2-7-5　卷烟销售明细表

烟类应税消费品消费税纳税申报表主表

纳税人识别号：91110105397　　所属时期：2020年05月01日-2020年05月31日　　金额单位：元（列至角分）

纳税人名称（公章）：北京联创技术开发咨询有限公司　　填表日期：2020-06-10

应税消费品名称 项目	适用税率		销售数量	销售额	应纳税额
	定额税率	比例税率			
卷烟	30元/万支	56.00　%	0.00	0.00	0.00
卷烟	30元/万支	36.00　%	0.00	0.00	0.00
雪茄烟	——	36.00　%	0.00	0.00	0.00
烟丝	——	30.00　%	0.00	0.00	0.00
合计	——	——	——	——	0.00
本期准予扣除税额：					0.00
本期减（免）税额：					0.00
期初未缴税额：					0.00
本期缴纳前期应纳税额：					0.00
本期预缴税额：					0.00
本期应补（退）税额：					0.00
期末未缴税额：					0.00

图 2-7-6　烟类应税消费品消费税纳税申报表主表

图 2-7-7　申报表发送

图 2-7-8 申报结果查询

图 2-7-9 网上缴税

小　结

消费税网上申报实训系统根据应税消费品的不同，分为七个纳税申报子系统。根据应税消费品税目的不同，需要填写不同的消费税纳税申报表。但各个税目的纳税申报流程基本一致，依次是：系统登录、申报表填写、申报表发送、网上缴税。操作完成后，进行系统评分。

思考与拓展

卷烟类消费税纳税申报表有36%和56%两个档次税率，应如何选择填列？

实训八　个人所得税申报与缴纳

实训目标

- 掌握个人所得税应纳税所得额和应纳税额的计算。
- 掌握个人所得税的网上申报与缴纳。

个人所得税网上申报包括：个人所得税综合所得申报和生产经营所得申报。下面以综合所得申报系统为例进行说明。

在系统主界面中单击“实训教学”，进入个人所得税申报系统，如图 2-8-1 所示。按顺序进行人员信息采集、专项附加扣除信息采集、综合所得申报及税款缴纳等操作。

图 2-8-1　个人所得税申报主界面

单击“人员信息采集”，进入人员信息采集界面，如图 2-8-2 所示。单击“添加”按钮，进行人员信息新增操作，如图 2-8-3 所示。人员信息增加完毕，依次单击“报送”及“报送反馈”按钮，查看报送状态。

单击“综合所得申报”，进入综合所得预扣预缴表，如图 2-8-4 所示。依次进行正常工资薪金所得、全年一次性奖金收入、劳务报酬所得等各项所得项目的填写，如图 2-8-4 ~ 图 2-8-7 所示。

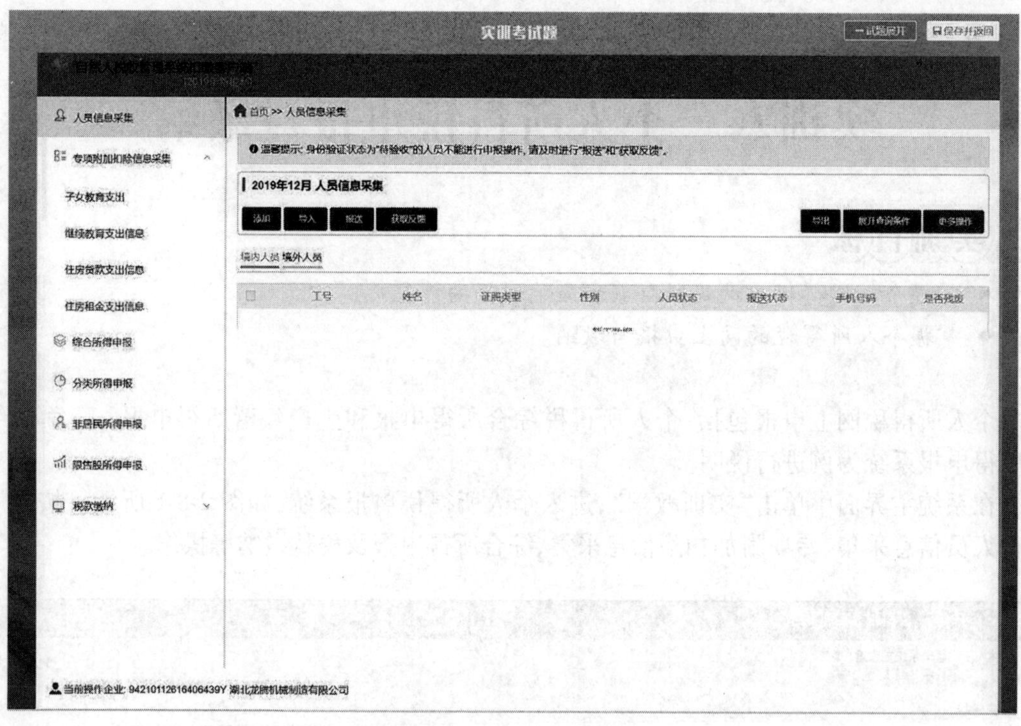

图 2-8-2　人员信息采集界面

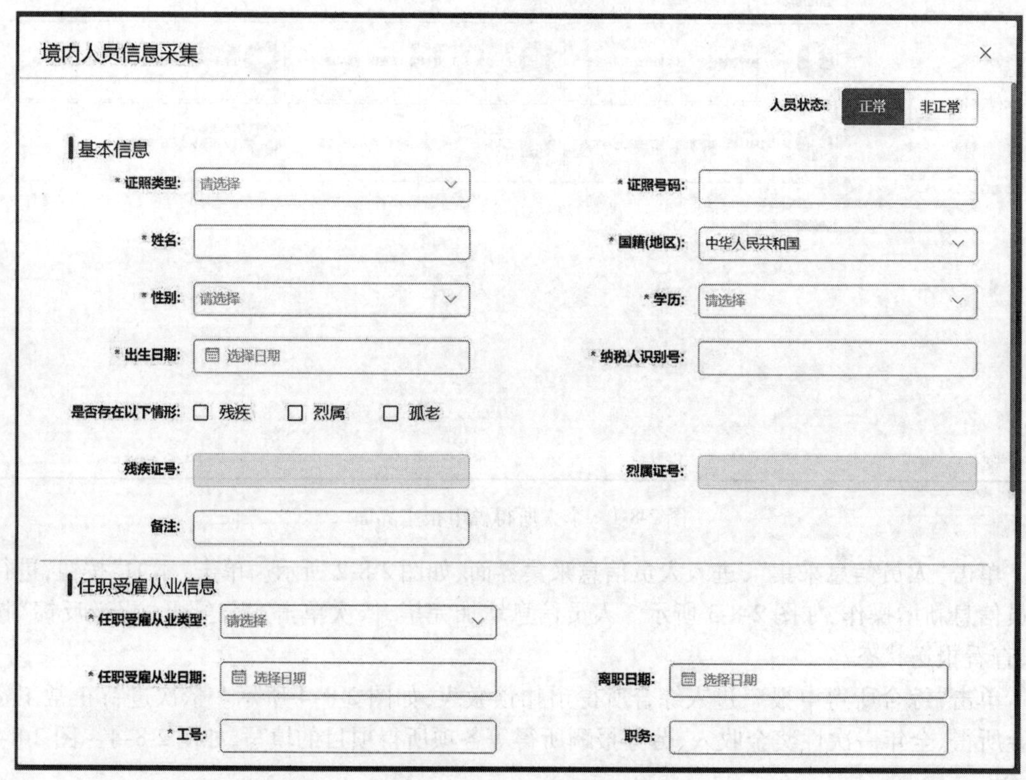

图 2-8-3　员工信息新增

实训考试题
人员信息采集
专项附加扣除信息采集
子女教育支出
继续教育支出信息
住房贷款支出信息
住房租金支出信息
综合所得申报
分类所得申报
非居民所得申报
限售股所得申报
税款缴纳
首页 >> 综合所得申报
2019年12月 综合所得预扣预缴表
所得项目名称
纳税人数
状态
操作
正常工资薪金所得
全年一次性奖金收入
年金领取
未填写
填写
当前操作企业: 94210112616406439Y 湖北加腾机械制造有限公司

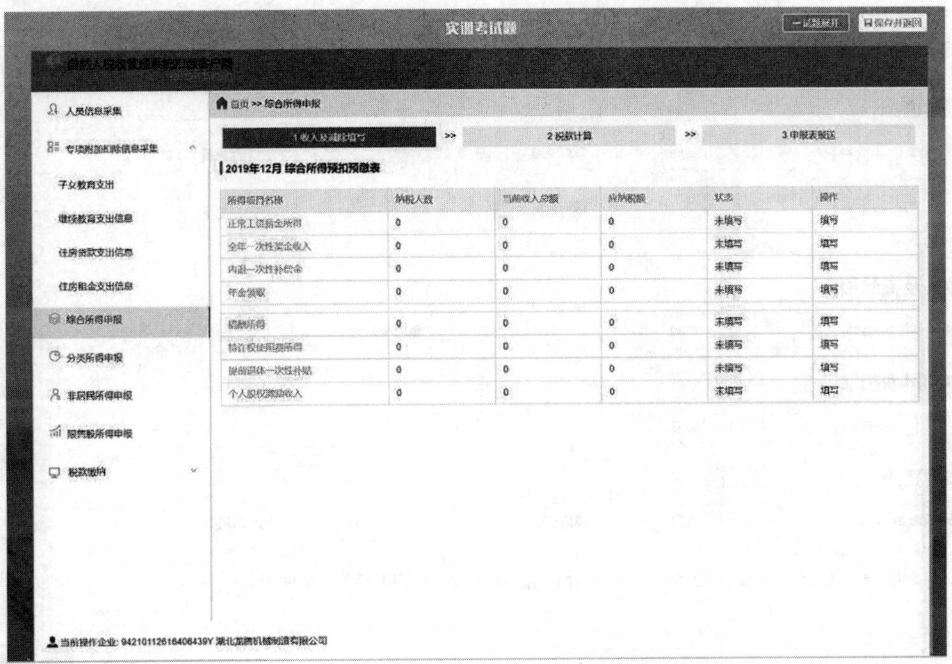

图 2-8-4 综合所得预扣预缴表

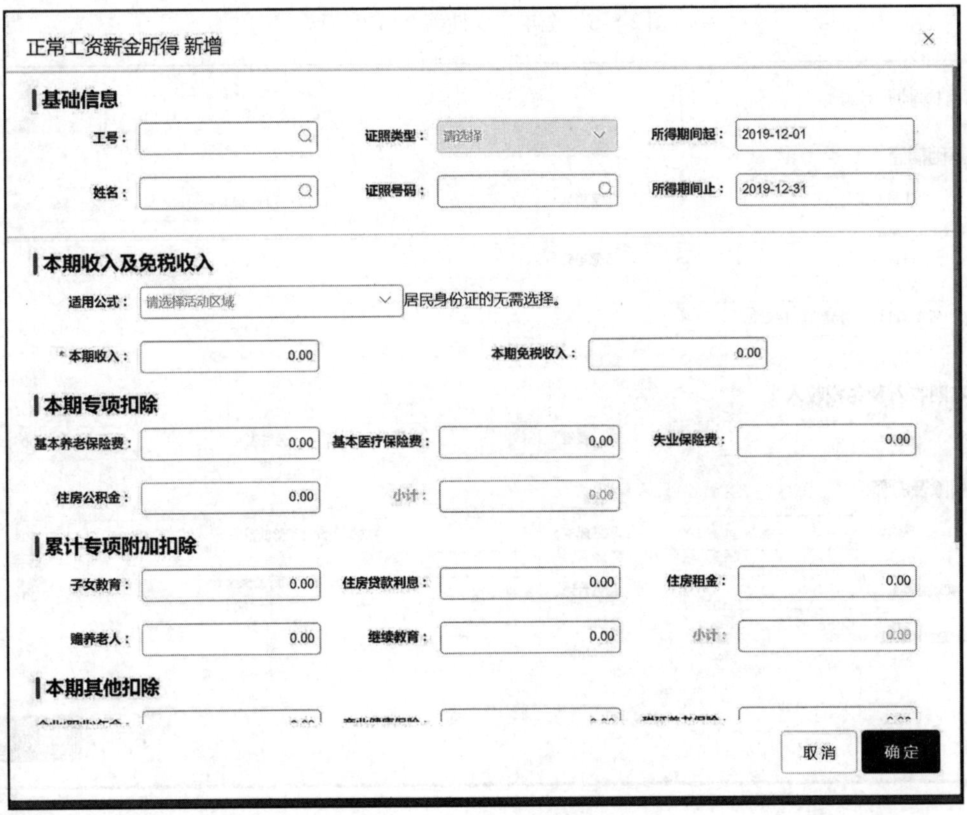

正常工资薪金所得 新增
基础信息
工号：
证照类型：
请选择
所得期间起：
2019-12-01
姓名：
证照号码：
所得期间止：
2019-12-31
本期收入及免税收入
适用公式：
请选择活动区域
居民身份证的无需选择。
* 本期收入：
0.00
本期免税收入：
0.00
本期专项扣除
基本养老保险费：
0.00
基本医疗保险费：
0.00
失业保险费：
0.00
住房公积金：
0.00
小计：
0.00
累计专项附加扣除
子女教育：
0.00
住房贷款利息：
0.00
住房租金：
0.00
赡养老人：
0.00
继续教育：
0.00
小计：
0.00
本期其他扣除
取消
确定

图 2-8-5 正常工资薪金所得新增

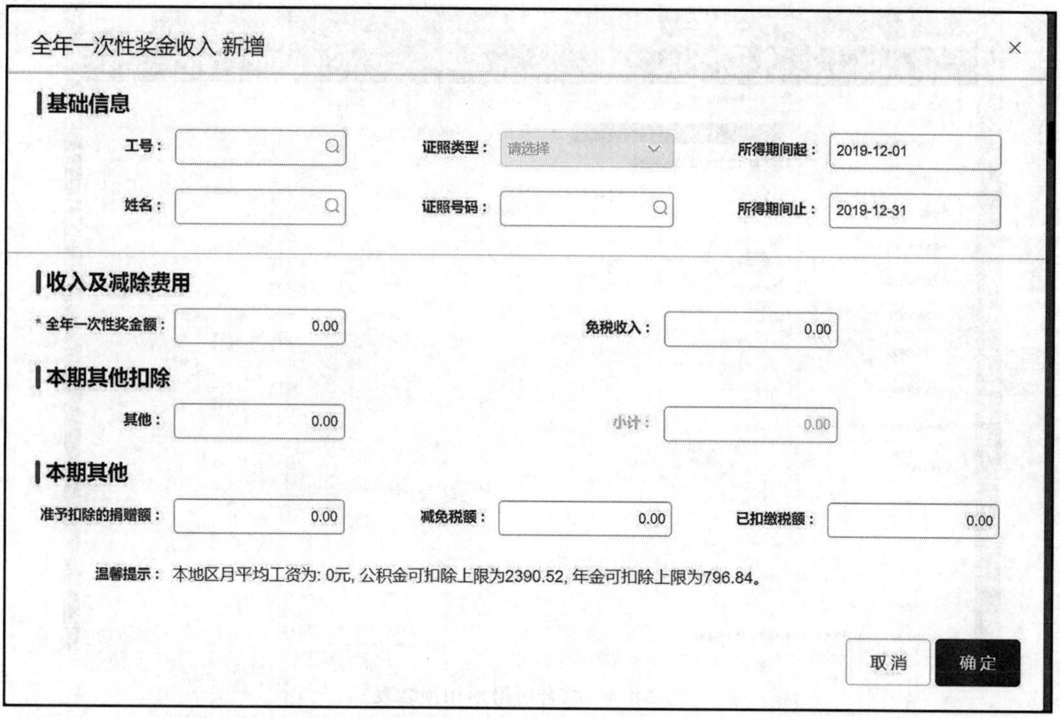

全年一次性奖金收入 新增

基础信息

工号：		证照类型：	请选择	所得期间起：	2019-12-01
姓名：		证照号码：		所得期间止：	2019-12-31

收入及减除费用

* 全年一次性奖金额：	0.00	免税收入：	0.00

本期其他扣除

其他：	0.00	小计：	0.00

本期其他

准予扣除的捐赠额：	0.00	减免税额：	0.00	已扣缴税额：	0.00

温馨提示： 本地区月平均工资为: 0元, 公积金可扣除上限为2390.52, 年金可扣除上限为796.84。

取消　确定

图 2-8-6　全年一次性薪金所得新增

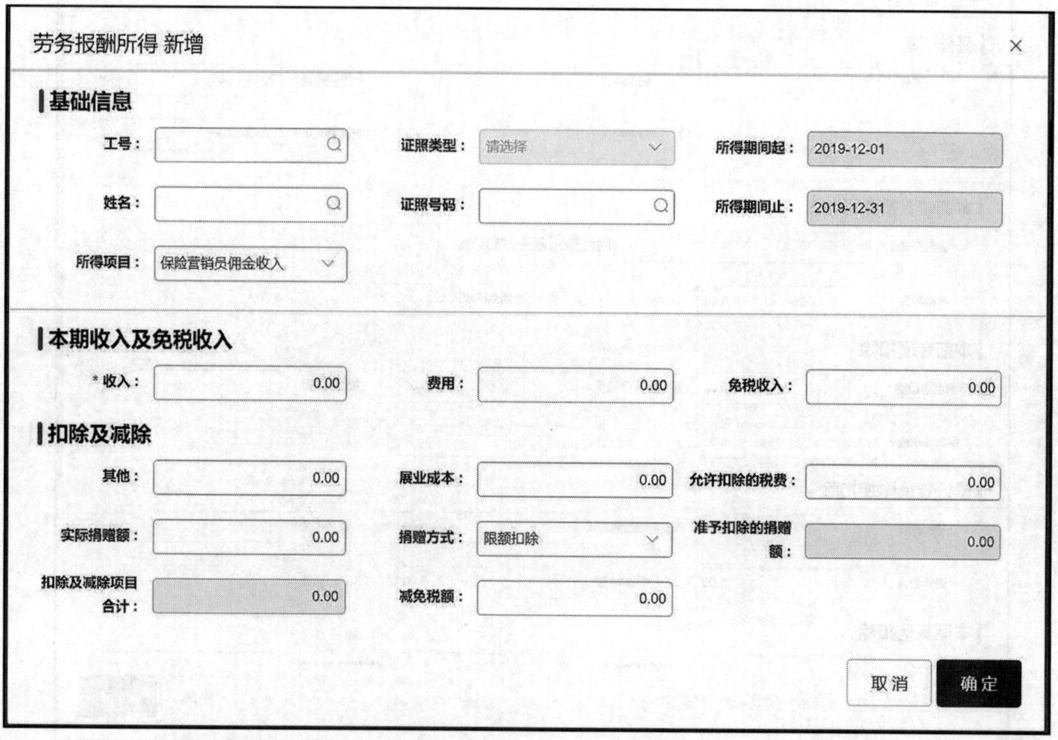

劳务报酬所得 新增

基础信息

工号：		证照类型：	请选择	所得期间起：	2019-12-01
姓名：		证照号码：		所得期间止：	2019-12-31
所得项目：	保险营销员佣金收入				

本期收入及免税收入

* 收入：	0.00	费用：	0.00	免税收入：	0.00

扣除及减除

其他：	0.00	展业成本：	0.00	允许扣除的税费：	0.00
实际捐赠额：	0.00	捐赠方式：	限额扣除	准予扣除的捐赠额：	0.00
扣除及减除项目合计：	0.00	减免税额：	0.00		

取消　确定

图 2-8-7　劳务报酬所得新增

完成各项收入及减除填写后,依次进行税款计算及申报表发送等操作,如图 2-8-8 和图 2-8-9 所示。

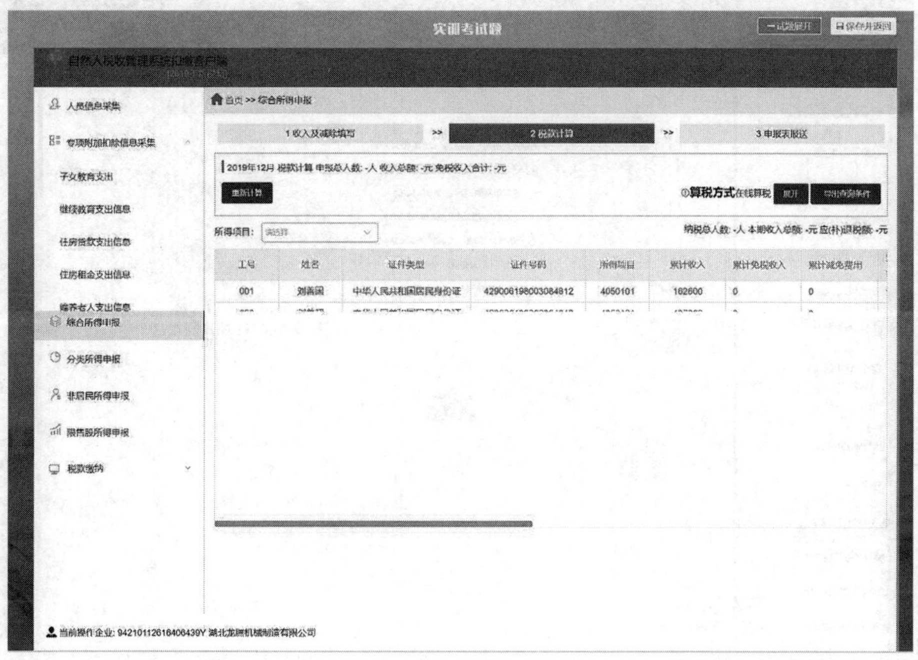

图 2-8-8　税款计算

图 2-8-9　申报表发送

单击税款缴纳中的“综合所得缴纳”,完成缴税,如图 2-8-10 所示。

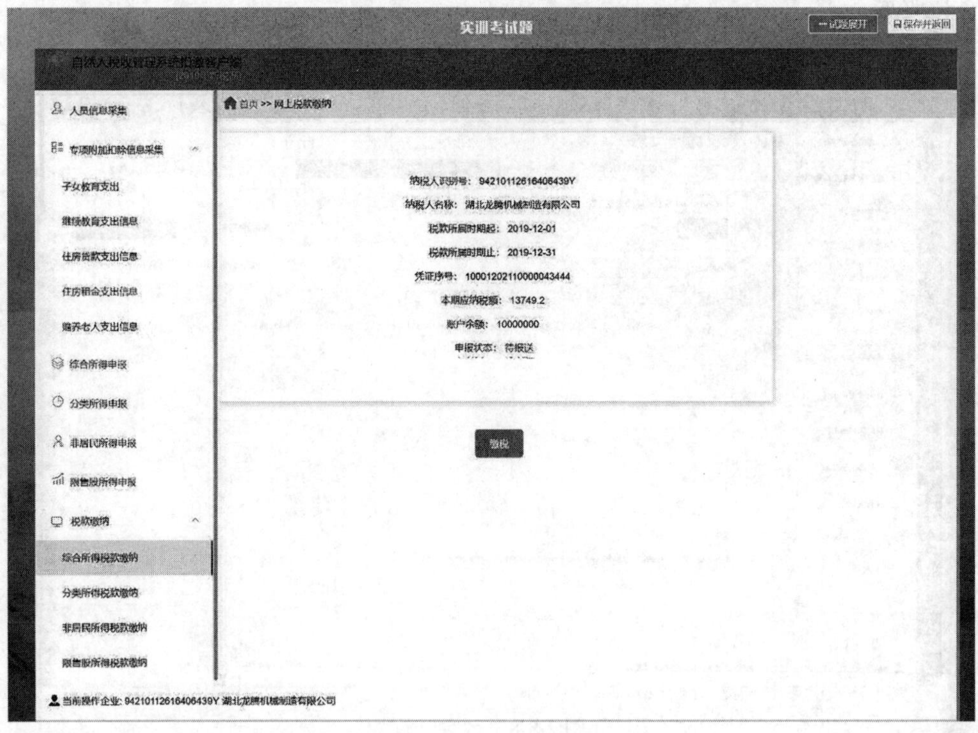

图 2-8-10　网上税款缴纳

小　结

个人所得税是以自然人取得的各类应税所得为征税对象而征收的一种所得税。在计算应纳税额时,首先依照不同所得项目确定计税依据和费用扣除额,计算个人所得税应纳税所得额,然后确定适用税率进行应纳税额的计算。纳税申报流程是:系统登录、申报表填写、申报表发送、网上缴税。操作完成后,进行系统评分。

思考与拓展

综合所得预扣预缴表中正常工资薪金所得、全年一次性奖金收入填列有何区别?